PARIS
MAFIA

Georges Quémar

PARIS
MAFIA

Fayard

Pour Nicole et Emilie,
mes seuls *vrais* soutiens dans l'adversité.

Avant-propos

Pour intituler ce livre, l'évidence s'est imposée d'elle-même à partir du moment où j'ai eu connaissance du compte rendu des débats de la séance du Conseil de Paris du 31 mars 1993. Le mot *mafia*, à ma connaissance, fut employé pour la première fois ce jour-là par un conseiller de Paris pour évoquer ce qui m'était advenu.

Ce conseiller venait de lire en séance les considérants du jugement du 22 janvier 1993 par lesquels la 13e Chambre correctionnelle du Tribunal de Grande Instance de Paris, tout en me condamnant, énonçait clairement :

> « Attendu qu'il n'est pas contestable qu'est venu se greffer sur cette affaire un véritable règlement de comptes interne au RPR, à l'occasion duquel une fraction rivale et hostile à Georges Quémar, animée par M. Legris, Inspecteur général de la Ville de Paris, a procédé à des écoutes dans des conditions douteuses et suspectes..., que les traces de cette mise en scène organisée illégalement par d'anciens gendarmes ont fort opportunément disparu... »

Après cette lecture, l'élu socialiste parisien terminait son intervention, prononcée en présence du Maire de Paris, Jacques Chirac, présidant la séance, en employant les termes suivants :

> « Nous ne sommes ni à Palerme ni à Naples ; ces méthodes sont dignes de la *Mafia*, si ces faits sont confirmés. Je profite donc de l'occasion qui nous est donnée par l'examen de cette délibération pour vous demander d'apporter un démenti ou nous fournir des explications. »

A ma connaissance, aucun démenti officiel ne viendra jamais : la Mairie, usant de la tactique classique de l'édredon ou du « ventre mou », invoquera la procédure judiciaire en cours pour ne pas répondre.

A l'article « Mafia », le *Dictionnaire de la langue française* d'Emile Littré énonce la définition suivante, assortie d'une illustration : « Nom, en Italie, d'une association secrète de malfaiteurs. *La peine de mort ne saurait être supprimée ; le brigandage, la mafia, les sociétés qui vivent des produits du crime exigent qu'on use de rigueur. (Journal Officiel,* 27 février 1875, page 1498, 1re col.) » D'après le *Petit Robert*, le mot, d'origine sicilienne, connu dès 1875, est passé dans notre langue commune depuis 1933. Le dictionnaire en donne une définition à la fois plus précise et plus large : « Coterie secrète servant des intérêts privés par des moyens plus ou moins illicites. »

Depuis 1993, à la Mairie de Paris, un flot d'événements plus ou moins médiatisés est venu valider jusqu'à l'écœurement cette définition d'une configuration mafieuse, d'un système organisé et concerté dont, si je puis ainsi m'exprimer, j'ai été l'un des tout premiers à « essuyer les plâtres » et à « faire les frais », à mon corps défendant. Je suis en effet persuadé que j'ai été envoyé en prison pour avoir enfreint des règles secrètes qui s'imposaient d'autant moins à moi que je n'ai jamais appartenu, il va sans dire, à une quelconque obédience ou organisation de ce type.

Ce livre constitue un témoignage sur ce monde caché que j'ai été amené à fréquenter au fil de la carrière que j'ai menée sans solution de continuité à la Mairie de Paris pendant un quart de siècle, de 1964 à 1990.

⁂

25 septembre 1980 : à la dérobée, j'observe le lent manège de la main sur la table d'apparat. L'index, impatient, tapote le couvert d'argent. Autour de la longue table de réception s'affaire le ballet des officiants servant le vin et présentant les plats. C'est un déjeuner de travail. L'audience est attentive à l'exposé en cours. Sur fond d'assiettes et de verres entrechoqués s'élève la voix un tantinet fluette, ponctuée de curieux soufflements, d'un de mes collègues commentant les priorités dont il a la charge. Les appartements privés de l'Hôtel de Ville de Paris accueillent ce jour-là une réunion des directeurs de la Ville autour de leur Maire. Entouré de ses principaux adjoints et des collaborateurs de son cabinet, Jacques Chirac a choisi de définir en

petit comité les grandes orientations de la seconde partie du mandat municipal, secteur par secteur. La réunion a été préparée avec beaucoup de soin. Nous avons été priés de faire court. Une vingtaine de convives, triés sur le volet, ont été rassemblés autour de la table oblongue. Directeur chargé des Affaires scolaires depuis quelques jours, je viens d'avoir quarante ans. Je suis assis aux côtés du chef adjoint du cabinet, Henri Cuq, ex-commissaire de police en Corrèze, directeur en titre à la Ville et futur député des Yvelines.

Soudain, au rappel d'un engagement de la campagne municipale non suivi d'effet, la tête du Maire s'est redressée. Le regard s'est fait incisif, teinté d'une nuance de duplicité vite réprimée. Un sourire mi-feint, mi de commande est venu atténuer la contraction des mâchoires. Puis les traits se durcissent. D'un coup, le visage se ferme, le silence se fait autour de la table. Une vraie métamorphose. Sèche comme un couperet, la sentence familière tombe : « Cher ami, vous savez pourtant bien que les promesses n'engagent que ceux qui les reçoivent ! »

⁂

9 septembre 1983. En fin de matinée, une réunion se tient chez le directeur de cabinet du Maire. J'y assiste en ma qualité de directeur des Affaires scolaires. La routine. Le conciliabule se termine. Presque incidemment, sur le point de quitter son bureau, Robert Pandraud, le directeur

de cabinet, me prend à part durant quelques secondes. Toutes affaires cessantes, il m'invite à passer à midi précis dans le bureau du secrétaire général. Sa manière à lui, toute bourrue et sans afféterie, de me faire comprendre que le Maire a décidé de me confier l'une des directions les plus prestigieuses de l'appareil municipal.

A l'heure dite, Camille Cabana, le secrétaire général, qui a « fait » toute ma carrière à la Ville, m'apprend que je suis promu directeur général chargé de l'Administration générale, c'est-à-dire que je reçois la pleine responsabilité de la direction du personnel municipal – soit les quelque 40 000 agents de la Ville. Le Maire me recevra à seize heures.

J'ai été pressenti voici quelque temps déjà par Alain Juppé. Le départ de Jean Chenard, mon prédécesseur, qui a souhaité prendre sa retraite, est déjà connu depuis plusieurs mois. Les spéculations sur son remplacement, auxquelles je prêtais une oreille distraite, étaient allées bon train.

A l'heure dite, l'huissier s'efface pour m'introduire dans le vaste bureau d'angle dominant la Seine. Je connais bien l'endroit pour l'avoir fréquenté souvent au cours de ces dix dernières années. C'est l'ancien bureau des préfets de la Seine, le plus vaste de Paris, à ce que l'on dit. D'un geste de la main, Jacques Chirac me désigne l'une des larges bergères bleu roi installées près de la cheminée où pétille un feu d'automne. A dire vrai, je ne suis guère intimidé par tout ce déploiement de chamarrures. Sauf peut-être par la statue de

Turenne enfant dont le mélange de mélancolie et de force contenue me séduit toujours quand je la vois. Le Maire, qui, à titre personnel, me connaît à peine, veut faire plus ample connaissance et m'interroger sur mon passé.

Tout en tisonnant le feu qui couve dans l'âtre, avec la franchise de langage qu'on lui connaît il m'explique qu'il me confie là « un bâton merdeux ». Il me fait néanmoins comprendre toute l'importance qu'il attache à cette fonction clé : s'occuper du personnel, insatisfait par nature, est une mission éprouvante. Il faut savoir dire non, et s'y tenir. Jacques Chirac ne veut à aucun prix d'embarras sur le plan social. Bref, quand les agents sont contents de leur sort, tout va pour le mieux. Pour souligner l'importance de son choix, il me rappelle qu'en 1972, dans une structure il est vrai différente, au ministère de l'Intérieur, il avait confié ce poste à un homme de confiance, le préfet Jacques Pélissier. Je le remercie de me témoigner ainsi une estime qui m'honore. Il m'invite, en cas de besoin, à ne pas hésiter à venir le voir.

⁂

L'ascension, l'apogée, bientôt le désaveu... La Roche tarpéienne est peu éloignée du Capitole !

Je suis un pur produit de l'administration parisienne. J'ai servi la Ville de Paris vingt-sept ans durant. Elevé dans le sérail, j'ai gravi un à un tous les échelons hiérarchiques. J'avais été directeur à quarante ans, chargé des Affaires scolaires ; au sommet de ma carrière, je me retrouvais directeur général à quarante-trois ans, en charge du personnel.

Fluctuat nec mergitur... Comme la nef municipale, j'avais préexisté à l'« OPA » chiraquienne de 1977, cet extraordinaire fric-frac, ce fameux « Main basse sur une capitale »... J 'aurais pu alors partir sans encombre. Si je ne l'ai pas fait, ce ne fut ni par calcul, ni par précaution. Vraisemblablement plutôt par erreur, sous-estimation des risques. Rien n'est plus trompeur que le sentiment de confiance. Compte tenu de ce qui m'est arrivé par la suite, oui, j'aurais sans doute dû m'en aller. Quelques-uns le firent, qui savaient probablement à quoi s'en tenir. Je n'ai pas vu, pas perçu, à l'époque, quel parti le Maire voulait et allait tirer de l'extraordinaire « machine » que le sort venait de lui remettre entre les mains.

Pour ma part, j'aurai servi loyalement la Ville et son patron d'occasion. Il ne m'est jamais venu à l'esprit d'utiliser mes fonctions à des fins personnelles, de carrière ou d'ambition. J'ai été bien mal récompensé de cette loyauté. Mon abnégation et ma fidélité ont ruiné mon existence, assombri celle de mes proches, compromis notre devenir commun.

Après 1986, quand le Maire – cohabitation oblige – a quitté l'Hôtel de Ville pour s'installer à Matignon, j'aurais dû à nouveau comprendre qu'il valait mieux m'en aller. Le départ de Camille Cabana et de Robert Pandraud était un signe avant-coureur de la prochaine débandade. Chirac remettait sans partage la Mairie à la garde de Jean Tiberi et de sa camarilla. D'un coup, la machine, si bien huilée à l'époque du tandem Cabana/Pandraud, s'est déréglée. J'ai compris trop tard que le nouvel équipage allait dans le mur. Et qu'en définitive, la responsabilité des fonctionnaires serait à nouveau mise en cause : car, le moment venu, il faudrait bien trouver des boucs émissaires ! En 1988, préposé aux mauvaises nouvelles, je serai remercié comme un laquais par le Grand Chef défait aux présidentielles et contraint de se replier en catastrophe sur la Mairie.

Aucune amertume ni aucun esprit de revanche ne m'animent. J'ai côtoyé de trop près les politiques pour entretenir une quelconque illusion sur leur comportement. Je n'ai même pas l'excuse de la naïveté : je connais trop bien leur droiture et leur sincérité en trompe l'œil, leurs vérités à géométrie variable, leurs convictions de commande, leur désintéressement de façade et leurs petites combines d'arrière-boutique. Mais, juste retour des choses, j'observe non sans malice, en tout cas sans déplaisir, la déconfiture annoncée et amorcée de l'équipe en place, deux ans après avoir pris le relais de celui qui s'est servi de la Ville comme d'un cheval d'emprunt pour s'installer plus commodément à l'Elysée. Autre calcul de circonstance qui ne devrait pas l'abuser lui-même, car il risque fort d'avoir préfiguré sa propre déchéance.

A l'occasion de trois « grands chelems » : 1977, 1983, 1989, Jacques Chirac et sa majorité l'ont emporté dans tous les secteurs de Paris. J'ai vécu ces triomphes successifs de la municipalité. J'ai vécu l'adaptation des mairies d'arrondissement à la loi PLM (1983), permettant de déjouer le stratagème socialiste destiné à balkaniser la Mairie. J'ai assisté à la suppression de l'Imprimerie municipale (1984-1985), une redoute de la CGT emportée à la hussarde. A la privatisation du Service des Eaux (1986), la Ville conservant la maîtrise et le contrôle de sa production, tout en confiant au privé le soin de la distribuer. J'ai bien connu la « cohabitation » (1986-1988), au cours de laquelle la redoute parisienne tint lieu de base avancée à la logistique de reconquête de l'Etat. Et l'affaire du décret statutaire parisien du 25 février 1988 grâce auquel, en dépit des manœuvres socialistes, les personnels parisiens conservèrent le bénéfice de leurs régimes de rémunération alignés sur ceux de l'Etat.

Je relate dans ce livre quelques-uns de ces épisodes marquants que j'ai vécus en première ligne. En vieux briscard, j'en ai accompagné bien d'autres. Ainsi, près de 3 000 emplois de la Ville furent supprimés sans aucun licenciement « sec », sans aucun mouvement social d'envergure, en dépit de réorganisations menées tambour battant. Pas une de ces grèves si redoutées du nettoiement (la dernière en date remontait à 1982). En 1988, tandis qu'approche le terme du mandat municipal, le Maire étant encore à Matignon, je puis m'enorgueillir légitimement de l'œuvre accomplie, des résultats obtenus. En 1987, je suis décoré du Mérite. C'est l'époque où claque fièrement au vent de l'Hôtel de Ville le slogan : « Ce que nous avons fait pour Paris, nous le ferons pour la France ! »

⁂

15 juin 1988 : fin d'une pénible parenthèse. Un mois plus tôt, Jacques Chirac a échoué aux présidentielles. Contre toute attente, François Mitterrand l'a emporté à nouveau. Chirac est contraint de renoncer pour le moment à son projet de faire main basse sur l'Etat. Pantelant, KO debout, privé de son poste de Premier ministre, il regagne la Mairie, se replie sur son bastion parisien. Pour lécher ses plaies, régler aussi des comptes.

Je suis convoqué à dix heures du matin à l'Hôtel de Ville. Les rumeurs les plus fantaisistes courent. Le Maire est aux cent coups. Comme c'est mon rôle, je m'attends à ce qu'il y ait pas mal de monde à recaser après la déroute de l'équipe de Matignon. Je suis à cent lieues de pressentir ce qui m'attend. Le 3 mai précédent, j'ai certes exprimé par écrit au secrétaire général le souhait d'être déchargé des lourdes fonctions que j'occupe depuis bientôt cinq ans, et de recevoir une autre affectation, mais à l'occasion seulement des prochaines municipales, soit en mars 1989.

Je vais être pris au mot, et de quelle manière ! A peine assis dans son bureau, le Maire m'informe qu'il a décidé de me remplacer sur-le-champ par le préfet Bernard Monginet, qu'il ramène avec lui de Matignon. La mesure prend effet sans préavis. Je devrai avoir vidé mon bureau dans les quarante-huit heures.

Après plus de vingt-cinq années de bons et loyaux services au bénéfice de la Ville de Paris, je suis congédié comme un domestique, sans ménagement, sans le minimum de formes. Sans avoir conscience d'avoir démérité. Je vois défiler en un instant les images de mon mariage en 1982. Jusque-là, je n'étais responsable que de moi. L'espace d'une seconde, le visage de ma fille, âgée de cinq ans seulement, se profile devant moi. J'ai peine à me contenir. J'hésite, puis renonce à demander une feuille de papier au Maire pour lui remettre incontinent ma démission et réintégrer mon administration d'origine, le ministère de l'Intérieur.

Inquiet, Daniel Naftalski, le directeur de cabinet, veille au grain. Surtout pas de scandale : les choses doivent se passer en douceur ! Au courant de mes difficultés de santé, il vient d'entrer dans le bureau comme par enchantement. Il connaît mon tempérament, il sait trouver les mots qu'il faut alors que mon incompréhension est totale : aucun reproche ne m'a été fait. Moins d'un mois auparavant, j'ai subi une intervention chirurgicale invalidante. Je porte une sonde sur moi. Je suis très fatigué, mon amertume est insigne, même si je n'en laisse rien paraître. Quoi qu'il pût m'en coûter, contre l'avis des médecins, je m'étais fait un point d'honneur de reprendre mes activités quarante-huit heures seulement après l'opération, car j'étais aussi chargé de l'organisation matérielle des élections présidentielles sur Paris, le Maire étant candidat. Je suis plongé dans un état d'hébétude face à ce que je ne peux ressentir que comme un désaveu. Daniel Naftalski s'emploie à me rassurer : je vais pouvoir prendre du champ, me reposer. Il va me trouver un bureau à l'Hôtel de Ville, je recevrai bientôt une nouvelle affectation. Le Maire m'indique curieusement lui-même que je conserve mon rang de directeur général, ma voiture et mon chauffeur (*sic*) ! Tout est fait pour m'apaiser, me rassurer...

Parlant quelques jours plus tard de la « charrette » de l'Hôtel de Ville, et faisant en un seul article table rase de tout le travail passé, le journal *Le Monde* justifiera mon congédiement en expliquant – probablement par dérision – que je devais être « harassé ». A moins que ce ne soit la direction générale de l'Information et de la Communication de la Ville qui ait trouvé cette explication pour couvrir les foucades de Jean Tiberi et du Maire ? Quant à Alain Juppé, que je verrai peu après, il m'expliquera, gêné, que nous avions été accusés d'avoir « roupillé » (*sic*), qu'il fallait un « nouvel élan » (déjà !)...

Deux ans plus tard, le 24 juillet 1990, alors que, depuis moins de quatre mois, j'occupe les fonctions de directeur général d'une société d'économie mixte de la Ville, la SEMAVIP, je serai interpellé par la gendarmerie, conduit comme un vulgaire malfrat dans un cul-de-basse-fosse, et serai ainsi réduit au silence pour longtemps.

Jusqu'au 18 mai 1998 où je confirmerai au journal *Le Parisien* l'existence de plusieurs centaines d'« emplois fictifs » (ou présumés tels) à la Mairie de Paris dans les années 1985-1988 où j'avais précisément en charge l'ensemble du personnel.

« Emplois fictifs »

« La justice pour tous, les faveurs pour nos amis... »

Un ancien sénateur du Var.

« Emplois fictifs »... Le 18 mai 1998, quand paraît l'article du *Parisien*, je suis à cent lieues d'imaginer le retentissement que va connaître la formule dans l'opinion. Cet impact est dévastateur. Le 25 mai, le Président de la République est accueilli à Angers par des chômeurs brandissant des pancartes : « Avec Chirac, tous des emplois fictifs ! » Ce n'est qu'une fois le tourbillon médiatique calmé que je comprends à quel point, sans le vouloir, j'ai touché une corde sensible chez mes compatriotes.

En politique, il y a quelque chose qui compte encore plus que la politique : les places. Le mot d'un ancien sénateur du Var m'y fait songer : « La justice pour tous, les faveurs pour nos amis. »

Pour mieux confirmer l'existence de ces emplois, dans l'analyse que je fais pour *Le Parisien*, je tente d'apporter une définition succincte des bénéficiaires de ces faveurs qui, à l'époque où je me place (1985), « dans le pire des cas n'exerçaient aucune mission réelle pour la collectivité municipale et, dans le meilleur des cas, n'avaient que des activités de façade ».

Chacun sait que ce qui est fictif n'est pas réel. Mais il est des réalités qui dépassent la fiction. C'est le cas de ces emplois de complaisance. Leurs bénéficiaires n'ont pas de mission définie, ils n'occupent pas de bureau, leur nom ne figure dans aucun organigramme officiel : en revanche, est bien réel leur émargement au budget municipal.

Je préfère d'ailleurs parler d'emplois « fantomatiques » dans la mesure où ce sont des emplois qui n'ont que l'apparence de ce qu'ils devraient être. J'irai même jusqu'à évoquer leur caractère « fantasmagorique », tout l'art consistant à faire voir des figures lumineuses au sein d'une obscurité profonde. On sait que la « fantasmagorie » consiste, depuis le XVIIIe siècle, à projeter sur une toile des images produites au moyen d'une lanterne magique. Or ces images paraissent grandir au fur et à mesure que le foyer s'éloigne de la toile, elles ont alors l'air de s'avancer vers le spectateur, au point de l'éblouir et de lui faire croire à l'existence de fantômes.

Ma lanterne magique, en l'occurrence, ce sont les listes que me montrent les journalistes dans le courant du mois de mai 1998. Elles sont en effet éloignées de la toile, puisqu'elles remontent au 12 décembre 1985, date des élections professionnelles organisées à la Mairie de Paris. Par contre, leur projection dans le temps joue un rôle de révélateur : elles reflètent en effet l'état exact – incontestable, à l'unité près, contractuels compris – des effectifs des principales directions de la Mairie de Paris, notamment des plus politiques d'entre elles : le cabinet du Maire, ma direction (dite de l'Administration générale) et la direction des Affaires culturelles. Sous mes yeux s'étale un système dont, jusque-là, l'organisation délibérée m'avait complètement échappé.

Ce qui éveille le soupçon, c'est qu'en 1985, pour la seule et unique fois, apparaissent en clair les noms des contractuels chargés de mission. Pour des raisons que je n'ai pas élucidées, bonnes ou mauvaises, peu m'importe, il semble qu'à partir de 1988-1989, les listings informatiques n'aient plus reproduit l'identité des personnels contractuels. Aujourd'hui encore, à l'occasion de ces révélations, les syndicats professionnels de la Mairie de Paris se plaignent d'ignorer le nombre et la nature de ces emplois qui perdurent au sein des services municipaux.

Ce qui étonne, c'est d'abord l'ampleur du phénomène. Ensuite, son caractère concerté et organisé. Enfin, le coût budgétaire de cette distribution de prébendes caractérisée.

Quoi de plus normal, après tout, que le Maire de Paris veuille s'entourer de collaborateurs sûrs et dévoués, d'auxiliaires de cabinet qui partagent sa ligne politique. L'opinion le comprend fort bien dès lors que ces personnels servent les intérêts de la Mairie. L'anomalie, c'est le dévoiement du système. En réalité, ces agents servent d'autres finalités, extérieures à celles que poursuit la municipalité.

Il faut bien se poser en effet la question de la justification du nombre et de la qualité de ces emplois. Quand j'ai quitté mon poste de directeur de l'Administration générale, en 1988, émargeaient au budget municipal de l'ordre de *trois cents* chargés de mission contractuels rattachés pour leur gestion au cabinet du Maire de Paris. Ce n'est pas rien !

D'après la presse, dans son enquête menée sur le RPR, le juge Desmure aurait débusqué une dizaine de ces emplois fictifs, ce qui est déjà beaucoup. Or, d'après les listes qui me sont montrées, l'échelle change du tout au tout : on dénombre des dizaines, voire des centaines de sinécures.

Pourtant, en 1977, le cabinet du Maire proprement dit comptait déjà une centaine d'emplois de titulaires, ceux-là tout à fait réguliers, sur lesquels il n'y avait rien à dire : ils correspondaient *grosso modo* aux emplois du cabinet du dernier préfet de Paris, antérieurement à la loi de municipalisation de 1976.

Comment se fait-il qu'en 1985, le document tout à fait officiel qui reconstitue la direction du cabinet comporte *jusqu'à 962 noms* ? Y aurait-il une finalité sous-jacente à la prolifération de ces emplois ? Qu'est-ce qui justifie une pareille inflation ? Force est de se poser la question. Et d'apporter une réponse.

Certains, prenant les devants, objectent et argumentent en parlant d'emplois « politiques ». Mais ces emplois existent-ils pour servir la Ville de Paris ou pour servir le parti politique auquel appartiennent les dirigeants de la Mairie de Paris ?

Qu'observe-t-on à partir de 1983 ? L'Hôtel de Ville contrôle l'intégralité des mairies d'arrondissement. Jacques Chirac vient de réaliser le « grand chelem ». Sur 163 conseillers de Paris, le personnel politique majoritaire en représente plus de 130. En outre, en 1982, la loi Paris Lyon Marseille (PLM) inventa les « conseillers d'arrondissement ». Elus pour la première fois aux municipales de mars 1983, au nombre de 362, les nouveaux conseillers sont à plus des deux tiers de la même obédience politique que le Maire et sa majorité, soit au moins 250. Comble d'ironie : en principe, la loi justifie cette nouvelle catégorie d'élus par le souci de rapprocher du terrain les édiles, trop souvent inféodés à la mairie centrale et, de ce fait, porteurs d'une vision déformée des difficultés réelles que rencontrent les Parisiens... La loi PLM vise en effet à préfigurer la décentralisation des pouvoirs des mairies centrales des grandes villes au profit des quartiers périphériques. Tout ce qui a trait à la vie courante doit relever, à terme, de la mairie d'arrondissement. Il s'en est même fallu de peu, un moment, que les arrondissements parisiens, lyonnais et marseillais ne soient dotés de municipalités de plein exercice. Finalement, un compromis a été trouvé pour se limiter à l'expérimentation sur quelques secteurs témoins proches des citoyens (crèches, espaces verts, parcs et jardins).

La simple addition des membres officiels du cabinet (962) et des 380 qui précèdent aboutit alors à un chiffre déjà exorbitant de 1 342 collaborateurs « politiques ». Quel besoin objectif d'ajouter encore en sus tant de chargés de mission de cette espèce ?

A ce compte, avec un total avoisinant les 1 500 personnes, le cabinet de Jacques Chirac, Maire de Paris, représenterait à lui seul plus que tous les cabinets ministériels de l'un quelconque des gouvernements de la Ve République, membres « officieux » compris...

Dès lors, il faut bien admettre que ces emplois répondent à d'autres finalités – cachées, celles-là. Lesquelles ? On en vient à l'organisation d'un système concerté et coordonné au seul service du Maire et de son entourage politique.

Deuxième impact ravageur sur l'opinion : ce système n'est pas le fruit d'initiatives subalternes et incontrôlées, mais représente l'expression d'un véritable dessein politique. Ces emplois sont les relais d'un réseau d'influence visant à asseoir une prise de pouvoir. Déjà, sous le couvert municipal, se prépare en sous-main la campagne présidentielle de demain.

C'est aussi l'une des raisons pour lesquelles, à l'instigation du Maire et de Jean Tiberi, la Mairie de Paris n'applique pas, *n'a jamais appliqué* les dispositions de la loi PLM sur les personnels et les emplois de cabinet. Celle-ci encadre strictement le nombre de ces collaborateurs en fonction du critère démographique. Si j'ai bonne mémoire, à l'époque, Paris n'aurait eu droit qu'à quelques dizaines d'emplois de cabinet. Cette orientation était logique, s'agissant de dégonfler les effectifs centraux au profit des arrondissements. L'ordre fut néanmoins donné d'invoquer les droits acquis, c'est-à-dire la situation antérieure à la promulgation de la loi, pour ne pas l'appliquer. La Mairie défendit l'unité et les prérogatives de l'épicentre contre les arrondissements périphériques, forces centrifuges. Nous avons alors fait le gros dos et, tout au moins jusqu'à mon départ, en 1988, il n'y a pas eu d'anicroches sérieuses avec le gouvernement. Il est vrai qu'entre-temps avait débuté la première cohabitation et que les socialistes, auteurs de la loi PLM, n'avaient pas eu l'occasion de la remettre sur le métier.

***

Comment se fait-il que la tutelle préfectorale n'ait pas exercé de contrôle sur la croissance ininterrompue du nombre de ces emplois ? Il faut savoir en effet que le préfet est légalement saisi de toutes ces décisions de créations d'emplois. A cela, il y a plusieurs réponses :

La première est d'ordre chronologique : l'essentiel du système a été mis sur pied entre 1977 et 1983. Or, si les délibérations créant ces emplois sont régulièrement soumises à la tutelle, jusqu'en 1983-1984 les décisions individuelles d'affectation à ces postes ne le sont pas. N'étant pas saisie, la tutelle n'est pas à même de s'apercevoir du caractère fictif de certains recrutements.

Une autre réponse, tout aussi recevable, tient aux conditions dans lesquelles s'est constituée la Mairie nouvelle. Il a fallu du temps avant que les contrôles extérieurs exercés sur elle se mettent en place. La vacance de la tutelle préfectorale a été mise à profit par certains pour créer l'irréversible. Beaucoup des contrats de chargés de mission contractuels ont vu le jour pendant cette période de neutralisation. De surcroît, du moins jusqu'à l'alternance de 1981, il semble que l'Etat giscardien, représenté par le préfet de Paris de l'époque, n'ait probablement pas jugé opportun d'ouvrir un champ de conflit avec la nouvelle municipalité sur ce terrain. Il est vrai qu'il n'en manquait pas pour éprouver le besoin d'y ajouter celui-là.

La situation est moins compréhensible après 1981. En 1982-1983, Gaston Defferre inaugure le vaste chantier de la décentralisation. A Paris, celui-ci débouche sur la loi PLM. Mais, curieusement, les décrets d'application tardent. Puis c'est la loi de 1983 créant la fonction publique territoriale. Comme je l'ai rappelé, la Ville joue alors de sa spécificité et de l'inertie de l'Etat pour se soustraire au contrôle des pouvoirs publics. Ou faire le gros dos en attendant des jours meilleurs qui viendront avec la première « cohabitation » de 1986. Surtout, la tutelle ne dispose pas de mécanismes de contrôle a priori. Le mouvement de décentralisation a été initié sans se préoccuper le moins du monde de la mise en place des garde-fous indispensables : à

Nice, Angoulême ou Grenoble, la voiture est jetée au précipice par inconscience de l'Etat bien davantage – du moins à mon sens – qu'à cause du goût pour la prévarication des Médecin, Boucheron et Carignon qui n'ont fait que s'engouffrer dans les failles du système. A Paris, ce sera – entre autres affaires – le problème des chargés de mission.

A posteriori, les Chambres régionales des Comptes ont une tâche de vérification du bien-fondé des dépenses de personnel. Mais elles se sont constituées trop tardivement pour se révéler efficaces à bref délai : elles ont dû se roder, ce qui a pris du temps. (Pourtant, d'après certaines informations qui ont filtré dans la presse, la Chambre des comptes de la Région Ile-de-France se serait récemment saisie du dossier des dépenses de personnel à la Mairie de Paris, cependant que, courant mai, le juge Patrick Desmure, d'après les mêmes sources, aurait fait saisir à la Mairie quelques centaines de dossiers individuels de contrats de chargés de mission...)

Quand je prends mes fonctions en 1983, je m'étonne de l'inertie du pouvoir socialiste, pourtant en place depuis deux ans. Le contrôle préfectoral de légalité laisse passer sans sourciller le flot de délibérations qu'à jets réguliers, pratiquement tous les mois, émet le cabinet du Maire. Celles-ci ont pour objet de soumettre au Conseil de Paris la création d'emplois contractuels de collaborateurs de cabinet. Il est vrai que ces délibérations sont souvent anodines, ne comprennent que quelques emplois à la fois – au maximum une dizaine –, mais sans l'ombre d'une explication sur les motifs qui justifient pareilles demandes. Elles sont d'ailleurs habilement noyées parmi d'autres mesures portant sur les réorganisations en cours. Les mémoires présentés au Conseil de Paris sont préparés directement par le cabinet, en liaison avec la direction financière, et signés du premier adjoint, Jean Tiberi. La direction du personnel, comme je l'expliquerai, ne les comptabilise et ne les gère qu'en second rang.

Courant 1984, je finis par m'alarmer de l'excessive fréquence de ces délibérations. C'est la tutelle préfectorale qui m'inquiète, plutôt que celle que devrait exercer normalement le Conseil de Paris. Sauf à subodorer de la complaisance ou de la connivence, à l'époque le mutisme de l'opposition municipale est assourdissant. Les débats en commission du Conseil de Paris, qui, le vendredi, précèdent la séance officielle du troisième lundi du mois, sont parfaitement convenus. La plupart du temps, l'opposition n'assiste même pas aux réunions de la première commission qui s'occupe de ces questions. Je n'ai d'ailleurs pas souvenir d'une quelconque discussion devant le Conseil de Paris au sujet de ces contrats pendant mes cinq années de fonction à la tête de la direction du personnel. Pour ma part, je pencherai plutôt pour une explication somme toute banale, relevant du simple bon sens : à petites causes, grands effets. La représentation élue des socialistes parisiens est alors composée presque exclusivement de caciques du PS, presque tous ministres (Edwige Avice, Jack

Lang, Paul Quilès...) ; ils ont bien trop à faire au niveau national pour s'intéresser de près aux travaux de l'assemblée municipale parisienne.

Ce n'en est pas moins un singulier paradoxe qu'à l'époque, l'autorité préfectorale vise régulièrement des délibérations entérinant des centaines de suppressions d'emplois – ordinaire des décisions du Conseil de Paris consécutives aux mesures de privatisation et aux réorganisations qui s'ensuivent – et ne paraisse pas porter la moindre attention aux créations simultanées d'emplois de cabinet.

Courant 1984, je dois faire preuve d'autorité pour que les décisions d'affectation à ces emplois soient elles aussi envoyées au bureau préfectoral compétent. Au dire de mes collaborateurs, elles ne l'étaient pas jusqu'à ma prise de fonction, semble-t-il, en raison d'une consigne purement verbale donnée à mon prédécesseur, consigne émanant du deuxième adjoint, Jean Tiberi... Comme ces décisions individuelles de recrutement sont signées du directeur de cabinet, et ne comprenant pas au juste l'interférence de M. Tiberi, j'en parle à Robert Pandraud qui, surpris comme moi, et découvrant la situation, me donne l'instruction de faire le nécessaire pour régulariser. Prenant ma canne et mon chapeau, j'en fais part à mon homologue préfectoral. Je lui envoie donc les dossiers, au début par doses homéopathiques, en les sélectionnant de telle sorte qu'aucun incident ne survienne. Puis, une fois le mouvement amorcé et en bonne voie, je fais passer progressivement le gros du bataillon. Bien m'en prend : les décisions reviennent sans observation, revêtues du cachet préfectoral les rendant exécutoires. Pour le passé et pour l'avenir, je régularise ainsi sans coup férir une situation qui, à trop tarder, serait devenue inextricable...

Comme souvent, la véritable alerte viendra du comptable public. On sait qu'en France, aucune somme ne peut sortir de la caisse d'une collectivité locale sans l'aval du comptable, fonctionnaire de l'Etat. C'est une garantie de sérieux et un garde-fou pour tout le monde, en raison de l'impartialité du contrôle exercé par les agents du Trésor. Si j'ai bonne mémoire, le clignotant s'est déclenché pendant la « cohabitation », en 1987. Le fondé de pouvoir du receveur général des Finances de Paris, trésorier-payeur général de la région parisienne, me téléphone un jour pour s'inquiéter d'un certain nombre de virements, dans la chaîne de paie du personnel, sur le Crédit agricole de Brive ou de Tulle ! Voilà qui peut en effet surprendre, s'agissant d'agents publics en fonction auprès d'une collectivité locale donnée. Il n'est pas anormal qu'un fonctionnaire de l'Etat, recruté au niveau national, puisse faire domicilier son traitement ailleurs que là où il exerce son activité du moment, car il peut recevoir une autre affectation géographique. C'est plus insolite pour un fonctionnaire de la Ville de Paris dont la carrière, sauf exception, se déroule dans la capitale. Vérification faite, je m'aperçois qu'il s'agit de contractuels chargés de mission, rattachés au cabinet. J'alerte immédiatement Daniel Naftalski, directeur de cabinet du Maire pendant l'intérim de Jacques Chirac confié à

Jean Tiberi. En catastrophe, les titulaires des comptes bénéficiaires rapatrient leur domiciliation bancaire sur la région parisienne. Il n'est pas question une seule seconde de mettre en péril la paie de l'ensemble du personnel municipal que le comptable peut bloquer à sa guise en attendant des explications plausibles sur ces cas particuliers qu'il a débusqués par simple sondage...

Les contrats de chargés de mission ont été mis au point après 1977 par Jean Sichère, au cabinet de Jean Tiberi. Dernier directeur du personnel de la Préfecture de Paris ancienne manière (1972-1977), il cumule en 1985 sa retraite de directeur au ministère de l'Intérieur et un contrat de cadre supérieur chargé de mission contractuel à la Mairie, sous l'égide de Jean Tiberi, responsable du personnel municipal. Avec Jean Chenard, mon prédécesseur de 1977 à 1983, Jean Sichère est l'« inventeur » du système des contrats de chargés de mission établis à la demande et sous l'autorité de Jean Tiberi, deuxième adjoint au Maire chargé des questions relatives à l'Administration générale, au personnel et aux relations avec les organisations syndicales (1977-1983). Ces contrats sont *sui generis*. Ils n'entrent en effet dans aucune catégorie connue tant du droit privé que du droit administratif. Ils ne comportent généralement pas de définition précise des tâches. D'une facture très courte (deux feuillets), à durée déterminée d'un an, ils sont renouvelables *ad nutum* par tacite reconduction. Ils peuvent, en fait, durer de nombreuses années. L'impétrant s'engage toutefois à ne pas exercer de recours en cas de rupture unilatérale du contrat par le cabinet, quel qu'en soit le motif. Le niveau de rémunération est arrêté par rapport à la nature du contrat (cadre supérieur, cadre moyen, agent d'exécution). Le contrat est signé par le directeur de cabinet.

Au sein de la direction de l'Administration générale, confidentialité oblige, la gestion quotidienne des contrats est confiée à un homme sûr. Jean-Paul Garroté, simple secrétaire administratif, dont l'épouse travaille au secrétariat particulier de Jacques Chirac, assure la liaison avec l'Hôtel de Ville, reçoit les récipiendaires, leur fait signer les contrats, assure la mise en paiement. Mais Jean-Paul Garroté n'est qu'un exécutant zélé, sans aucune responsabilité autre qu'opérationnelle dans la pérennité du dispositif.

Ce système, qui aura duré plus de vingt ans avant de tomber sous les feux de l'actualité, bénéficie certainement à des centaines de personnes. En effet, tout contrat libéré par son titulaire pour une cause quelconque est remis au pot commun pour bénéficier à un nouvel impétrant. Et rapidement réoccupé... Une kyrielle d'individualités différentes peuvent ainsi bénéficier successivement d'un même contrat.

Les cas concrets sont décrits à partir des listes dont l'existence a été révélée par le journal *Le Parisien*. Elles proviennent des élections professionnelles de décembre 1985. Ces listes officielles – donc du domaine public – sont exhaustives : elles recensent tous les agents contractuels rémunérés par la Mairie en 1985. Elles ont l'avantage d'être incontestables.

La présomption d'« emploi fictif » découle de la comparaison des individualités nommées dans ces listes avec celles énumérées dans l'annuaire de la Mairie de Paris de 1988. Ce dernier, établi en décembre 1987, a été élaboré à partir des listes électorales de 1985. Les absents de l'annuaire de 1988 et qui figurent cependant sur les listes de 1985 sont présumés « fictifs », surtout pour les emplois de catégories supérieure et moyenne. Je peux d'autant mieux m'en porter garant que la fabrication de l'annuaire et des mises à jours relevait de mon autorité.

Bien entendu, les documents informatisés reproduisant les listes électorales de 1985 photographient une situation donnée à un moment donné. Ils ne décrivent pas les changements intervenus au fil du temps et qui, comme on l'a rappelé, sont fréquents en raison du *turn over* important et continuel qui caractérise l'occupation de ces postes.

Les bénéficiaires entrent dans au moins cinq catégories : *népotisme, recalés du suffrage, fait du Prince, militantisme, Corrèze.*

On s'en tiendra à quelques situations exemplaires.

Le *népotisme*, tout d'abord. Les listes de 1985 montrent au moins deux cas d'école illustres : celui d'une nièce de futur Premier ministre, qui émarge au titre de la direction du cabinet sur un contrat de chargé de mission cadre supérieur ; et celui du fils d'un candidat défunt à la présidence de la République, recruté sur un contrat de cadre moyen.

Ensuite, les *recalés du suffrage* universel. Un contrat est un moyen confortable d'attendre le retour de jours meilleurs. J'ai découvert pour la première fois l'existence de ce type de contrat alors que j'étais directeur des Affaires scolaires. A l'effectif de la direction figurait en effet un ex-député de Paris. Rétribué sur un contrat de cadre supérieur contractuel, il exerça de 1977 à 1983 les fonctions de président-délégué d'une importante association contrôlée par la municipalité.

Dans la liste du cabinet figure aussi incontestablement le maire d'une importante agglomération du Nord. Depuis 1978 ou 1981, il bénéficie – toujours à la date de référence de 1985 – d'un emploi fictif auprès de la Ville en qualité de chargé de mission cadre supérieur.

La bienveillance de la Mairie s'étend aux commensaux directs des élus, parfois de futurs « élus » eux-mêmes : le fils d'un adjoint au Maire, promis par la suite à la députation, fait totalement l'impasse sur sa présence rémunérée à la Ville en qualité de chargé de mission contractuel cadre supérieur. Il figure pourtant en bonne place dans les listes du Cabinet en 1985. Mais, paradoxalement, dans sa notice biographique, parue au *Who's Who France (WWF)*, il est chargé de cours, de 1983 à 1985, dans une université brésilienne. A l'évidence, il ne peut que lui être très difficile d'exercer en même temps en France et en Amérique latine... Au moins jusqu'en 1989, si tant est qu'il ait continué d'émarger en cette qualité de contractuel au budget municipal, l'emploi fictif semble ne pas faire de doute.

Troisième tirage : le *fait du Prince*. La liste étant fort longue, nous nous en tiendrons là encore à quelques illustrations saillantes.

D'abord la femme du maire RPR d'une des plus importantes agglomérations de la Région Bourgogne. Les identifiants des femmes mariées, sous leur nom de jeune fille, figurent comme il se doit dans les listes électorales de 1985. Celle-ci bénéficie d'un contrat de chargé de mission cadre supérieur.

Les beaux-arts occupent une place de choix dans l'éclectisme municipal. Un compositeur de renom indique dans sa notice biographique figurant au *WWF*, une présence officielle à la Ville à la fin des années 1980. Par ailleurs inspecteur général de l'Education nationale depuis 1974, il précise qu'il est retraité depuis 1979. Comment se fait-il qu'en 1985 (il est alors âgé de soixante-dix ans), outre sa retraite, il émarge encore au budget municipal au titre d'un contrat de chargé de mission cadre moyen contractuel, alors que, de son propre aveu, il n'exerce plus d'activité à la Mairie depuis 1979 ?

Un éditeur de renom, aujourd'hui décédé, bénéficie en 1985 d'un contrat cadre supérieur contractuel. On sait le faible de Jacques Chirac pour la poésie. Marcel Jullian édite un temps une revue de poésie avec l'aide du Maire et le concours de la Mairie. Le poète irlandais Kenneth White, pour sa part, s'est vu confier une chaire municipale créée spécialement à son intention aux Affaires scolaires de la Mairie...

Un architecte et homme de l'art réputé, bénéficie également d'un contrat de chargé de mission cadre supérieur contractuel, rattaché pour sa gestion à la direction des Affaires culturelles.

L'épouse d'un artiste de variétés exerçant des responsabilités au sein de l'appareil du RPR, est titulaire d'un contrat de cadre supérieur.

Le cas de Jacques Chazot, danseur étoile, décédé, également cadre supérieur contractuel, a été évoqué nommément par le Maire de Paris après l'article du *Parisien*. Par égard pour la mémoire d'un mort, ni le journal ni moi-même n'avions mentionné son nom – pas plus que d'ailleurs le nom de l'un quelconque des contractuels. C'est le seul dont le nom ait été reproduit dans la presse à la suite des déclarations de Jean Tiberi.

Le *militantisme* ouvre les plus larges horizons. On entend par là des personnes qui travaillent ouvertement ou clandestinement pour le RPR. La panoplie étant très étendue, on ne retiendra à nouveau que quelques cas exemplaires, faute de pouvoir les citer tous.

Le cas d'un des futurs colistiers de Jean Tiberi dans le Vᵉ arrondissement mérite d'être relevé ! L'intéressé est rémunéré en 1985 sur un contrat de chargé de mission cadre supérieur au titre d'un rattachement à la direction de l'Administration générale, alors que dans l'annuaire de 1988 il n'apparaît ni parmi le personnel politique, ni parmi le personnel administratif de la Ville.

Une personnalité apparentée au ministre de l'Intérieur occupe une fonction de cabinet tout à fait officiellement, place Beauvau, pendant la « cohabitation ». Or, en 1985, elle émarge au budget municipal. Ancien officier municipal nommé par le Maire de 1977 à 1983, elle a été recasée en 1982-1983 sur un contrat de chargé de mission cadre supérieur contractuel. Cependant, elle ne figure pas dans l'annuaire municipal de 1988. Curieusement, elle poursuit dans l'Etat une fonction similaire à celle qu'elle exerçait auparavant à la Ville au sein du cabinet du Maire après 1983. Où est-elle en réalité ?

D'après sa notice au *WWF* 98, un autre précise qu'il aurait été chargé de mission au Conseil de Paris de 1984 à 1993. Il émarge en effet en qualité de chargé de mission cadre supérieur contractuel au budget municipal en 1985. Comment se fait-il cependant qu'on n'en retrouve aucune mention dans les annuaires de la Ville, ni en 1988, ni en 1990, ni en 1993 ?

Un quatrième n'apparaît non plus sur aucun annuaire de la Ville, bien qu'il figure sur la liste 1985 du Cabinet. Au *WWF*, il indique cependant qu'il est chargé de mission au cabinet de Jacques Chirac de 1984 à 1986 (donc à l'Hôtel de Ville ?), puis au cabinet d'un ministre « parisien » pendant la cohabitation (payé par l'Etat ou la Ville ?). Il est ensuite député de 1993 à 1997. (Sa biographie comporte un « trou » entre 1988 et 1993 : où était-il alors et par qui était-il payé ?)

Annie Lhéritier – dont l'emploi est rien moins

que *fictif* – a la responsabilité du *circuit corrézien.* Sa situation personnelle ne manque pas d'intérêt. Conseiller général du département d'élection de Jacques Chirac, elle figure dans les listes de 1985 comme contractuelle au titre du cabinet. Par contre, elle n'apparaît pas dans l'annuaire de 1988. Attaché de préfecture, elle est détachée à la Mairie de Paris sur un contrat de cadre supérieur contractuel depuis 1978. Entre 1986 et 1988, elle est à Matignon. Le 13 février 1987, elle est nommée sous-préfet, mise à disposition du Maire de Paris (sans doute à Matignon : il ne saurait en être autrement, puisqu'elle ne figure plus dans l'organigramme officiel de la Mairie).

Le circuit corrézien est aussi illustré par le cas éminent de Jean Georges Mantes, aujourd'hui décédé. Agriculteur-éleveur, il a dirigé d'importants organismes consulaires agricoles et présidé la Caisse de crédit agricole de Tulle. Il émarge au budget municipal en qualité de contractuel cadre supérieur.

Y figure également une parente d'un écrivain-éditeur qui a longtemps été le thuriféraire ordinaire de Jacques Chirac.

La position de contractuel constitue habituellement une situation d'attente : on y attend d'être reçu à un concours, de bénéficier d'une mesure de détachement régulière, ou l'opportunité d'une procédure d'intégration dans les corps municipaux. Pour les purs « politiques », il s'agit de l'attente d'un mandat ou d'une réélection.

Cet état est précaire. Aussi convient-il de le

« sédentariser » à la première occasion. Les facilités offertes par l'existence de corps d'accueil le permettent. Ainsi en est-il du corps des attachés des services extérieurs, particularité parisienne. La Ville conserve des échelons décentralisés soit dans les arrondissements, soit même en province, notamment dans le domaine sanitaire et social (aide à l'enfance). Il est commode de relayer un recrutement temporaire sur contrat par une intégration définitive au tour extérieur dans des corps de ce type. Un certain nombre de vacances de postes ont été maintenues pour servir d'emplois d'accueil. Ont été accueillies à la Ville des enseignantes comme la première épouse d'un des adjoints au Maire, celle d'un maire d'arrondissement également ancien ministre, et la femme d'un des secrétaires adjoints de l'Hôtel de Ville.

Les facilités offertes par la confusion Ville/département sont aussi largement utilisées pour ce genre d'expédients. A Paris, Janus aux deux visages, ville et département coïncident en une seule et même collectivité. Les mêmes, à la fois conseillers municipaux et généraux, contrôlent le budget départemental. Et s'en servent donc à leur guise pour recruter de nouveaux contractuels de cabinet.

L'entrée à la Ville en qualité de contractuel peut servir de prélude à de brillantes carrières dans l'administration municipale. Je n'en veux pour preuve que les listes électorales de 1985 : y figurent en effet Dominique de Legge, l'actuel directeur de la Protection de l'environnement ; Mme Martine de Nadaillac, directeur du Patrimoine municipal et de l'Architecture ; Louis Granier, directeur à la Vie locale et régionale, etc.

Le Conseil municipal dispose aussi de la possibilité de créer des emplois fonctionnels qui n'ont leur équivalent ni dans la fonction publique territoriale, ni dans celle de l'Etat, et qui, pour autant, n'ont rien de fictifs. Ces opportunités ont été utilisées systématiquement. Christine Juppé s'est ainsi vu confier la direction de la Maison du Geste et de l'Image, établissement sans équivalent ailleurs qu'à Paris. Deux autres emplois de cette nature ont aussi été créés pour accueillir, l'un, Jean-Yves Aillagon (la délégation générale à la Vie culturelle), l'autre Patrice de Clinchamps (la délégation à la Communication interne). Simple attaché des services extérieurs en 1985, Bernard Bled – actuel directeur de cabinet du Maire, Jean Tiberi – a obtenu dès 1986 la création d'un emploi *ad hominem* de secrétaire général du Conseil de Paris, assorti d'une obligation de logement par nécessité absolue de service. En 1988, le Conseil de Paris créa un emploi fonctionnel de secrétaire général *adjoint* du Conseil de Paris pour accueillir un autre contractuel chargé de mission, Louis Granier.

On ne peut pas omettre enfin de signaler, pour être complet, l'existence à la Mairie de Paris de deux catégories de personnels permanents, regroupant chacune une centaine d'agents triés sur le volet : d'une part, la brigade fonctionnelle du nettoiement habilitée à suivre toutes les grandes manifestations sur la voie publique et, accessoirement, à coller des affiches ; d'autre part, la brigade des surveillants des parcs et jardins, dirigée à l'époque par un contractuel, ancien colonel des troupes méharistes, cette unité pouvant jouer, le cas échéant, les services d'ordre occasionnels. L'appartenance à ces deux entités obéit à d'autres critères de recrutement que ceux du simple concours.

A ma connaissance, enfin, les principales sociétés d'économie mixte dépendant de la Ville rémunéraient aussi la présence fictive en leur sein d'un certain nombre de cadres politiques de la Ville ou du mouvement.

Le coût budgétaire de tous ces emplois totalement ou partiellement fictifs a profondément choqué les Parisiens. Au moins pour trois raisons :

La première est l'importance de la surcharge indue pour le budget municipal : je l'évalue, bon an mal an, à quatre-vingts, cent millions de francs. Pour reprendre la formule d'Auguste Comte, ce « parasitisme clientéliste », s'il avait été supprimé du jour au lendemain, aurait permis, à l'époque, de réduire d'au moins 1 % la charge fiscale des Parisiens (une augmentation de 1 % des impôts à Paris rapportant de 70 à 80 millions de francs de ressources supplémentaires).

La seconde, c'est, durant la même période, le contraste entre ce laxisme et la rigueur des suppressions massives d'emplois liées à la politique dite de privatisation. Près d'un emploi sur dix ! De 1984 à 1987, 2 024 emplois municipaux ont été supprimés, 433 agents dégagés des cadres (c'est-à-dire licenciés), 973 reclassés dans d'autres services.

Enfin, la dernière raison – on n'y insistera jamais assez – est qu'à l'époque, 96 % des agents municipaux gagnent moins de 12 500 francs nets par mois. Deux emplois sur trois sont rémunérés entre 5 000 et 7 500 francs nets. Or, sans les charges sociales, les emplois de chargés de mission contractuels coûtent de 15 000 à 30 000 francs par mois selon la position hiérarchique du bénéficiaire (cadre moyen ou supérieur).

Quand la presse s'est emparée du scandale des logements de complaisance prélevés sur le domaine privé de la Ville, personne n'a semblé s'intéresser à ces emplois de faveur dont bon nombre de bénéficiaires étaient également logés par la Ville. Les listes nominatives des bénéficiaires de logements du domaine privé peuvent être aisément croisées avec les listes électorales des commissions techniques paritaires municipales...

Pour être exhaustif, et à titre de simple hypothèse de travail – et je renvoie à l'épilogue de ce livre –, peut-être faudrait-il aussi rapprocher lesdites listes et les noms qui y figurent de celles et ceux des électeurs fictifs recensés sur les listes des électeurs des IIIe et V^e^ arrondissements de Paris ?

Ce système a été monté de 1977 à 1983 alors que le deuxième adjoint était chargé, *par délégation* du Maire, de l'Administration générale, du personnel et des relations avec les organisations syndicales. Il n'est pas inutile en effet de rappeler que le premier directeur de l'Administration générale, Jean Chenard, aujourd'hui décédé, était le contrôleur financier du ministère de l'Agriculture quand Jean

Tiberi, peu avant la démission du Premier ministre Jacques Chirac, en 1976, exerça les fonctions éphémères de Secrétaire d'Etat aux Industries agroalimentaires auprès du ministre de l'Agriculture.

Ainsi que nous l'avons également mentionné, il avait d'ores et déjà accueilli à son cabinet, en qualité de chargé de mission contractuel, après 1977 et jusqu'en 1985 au moins, Jean Sichère, directeur honoraire de l'Administration générale de la Préfecture, l'autre « inventeur », pourrait-on dire, avec Jean Chenard, des contrats en question.

Dans le même ordre d'idée, ainsi que le rapporte *Le Canard enchaîné*, le Maire de Paris aurait, en novembre 1997, nommé Guy Legris, par ailleurs retraité de son cadre d'origine, le ministère de l'Intérieur, à un poste de directeur général *titulaire* au Département de Paris.

Il est vrai que nul n'est non plus prophète hors de son pays : en faisant recruter sa femme *sous son nom de jeune fille* – prudence oblige – par Xavier Dugouin au cabinet de la présidence du Conseil général de l'Essonne, Jean Tiberi ne se doutait probablement pas que l'impérissable rapport rédigé par Xavière Tiberi, née Casanova, passerait à la postérité en tombant entre les mains du juge Halphen.

Par ailleurs, l'affaire Saincené, à Marseille, devrait inciter à la circonspection : l'un des deux frères « suicidés » bénéficiait d'un emploi fictif au Conseil régional Provence-Côte d'Azur d'après l'enquête menée par le juge Murciano, en marge de l'affaire Yann Piat. Le Maire de Paris – quel qu'il soit – serait grandement embarrassé, dans le cas d'une enquête, de devoir expliquer en justice l'activité réelle de certains de ces centaines de contractuels de tout acabit...

Curieusement, à ce jour, ni les élus de l'opposition municipale, ni le contribuable parisien n'ont songé, semble-t-il, à exercer une action en lieu et place de la commune défaillante et à saisir le juge pénal par le biais d'une autorisation du Tribunal administratif à se constituer partie civile. Le préjudice est pourtant certain. Ces prises en charge indues par le budget Ville/département constituent à n'en pas douter des dépenses injustifiables qui ne s'expliquent que par la présence à la tête de la municipalité parisienne de Jacques Chirac ou de Jean Tiberi et de leurs clientèles. A Lyon, un contribuable a eu le courage de dénoncer un système clientéliste analogue monté par la municipalité et a obtenu gain de cause devant le Tribunal administratif aux dépens du maire démissionnaire, Michel Noir. Raymond Avrillier, l'écologiste intransigeant de Grenoble, usant de la même procédure, vient d'obtenir l'annulation, par le Tribunal administratif de l'Isère, de onze embauches de « collaborateurs » au cabinet d'Alain Carignon...

⁂

Le lecteur peut légitimement s'étonner que je n'aie choisi de révéler ce système dévoyé que maintenant, plus de dix ans après les faits dont j'ai eu connaissance.

Je lui dois des explications sur les raisons de cette retenue plutôt que sur le devoir de réserve auquel je me suis longtemps conformé. Mon lien très fort avec la fonction publique s'est en effet rompu en 1996, un décret du Président de la République daté du 14 juin m'ayant rayé alors des cadres. Personne n'ignore en outre ce qu'il advient des prophètes désarmés. Or, le 25 juillet 1990, quand j'ai été interpellé, j'ai été complètement dépouillé de mes archives. Tous mes documents m'ont été volés. Des mois durant – mais je ne l'ai su que bien plus tard –, ils ont séjourné dans les toilettes attenantes au bureau de Guy Legris, à l'immeuble Morland.

Longtemps je n'ai pas perçu le caractère délictuel de ces emplois fictifs. Je n'ai pas établi de rapprochement avec les appartements de complaisance, pas plus qu'avec les électeurs fictifs – en clair, avec le système mafieux sous-tendant tout cela. La lecture de la presse, se faisant l'écho de certaines enquêtes en cours, m'a aidé à prendre peu à peu conscience que j'avais participé, certes bien involontairement, à des conduites abusives et moralement condamnables.

Aussi, quand les journalistes m'ont montré ces listes et m'ont demandé confirmation de ce qu'ils pressentaient, mais dont ils étaient cependant dans l'impossibilité d'apporter la preuve sans mon concours, n'ai-je eu aucune peine ni scrupule à leur révéler ce que je savais. D'une certaine manière, j'ai même été heureux de pouvoir ainsi libérer ma conscience et me mettre en règle avec moi-même. D'une part, ces documents n'étaient pas le fruit d'une soustraction frauduleuse, ils étaient même du domaine public, s'agissant de listes électorales officielles ; d'autre part, leur lecture était transparente pour qui savait les lire, en déchiffrer les clés. Je n'en ai été que plus aise de le faire quand, de surcroît, j'ai appris que lesdits contractuels avaient cessé de figurer sur les listes ultérieures.

Enfin, pour tout dire, j'avais mésestimé l'intérêt que soulèveraient ces révélations dans l'opinion. Dans une société bloquée où tous peinent pour trouver ou conserver un emploi, la mise au jour de conduites révélatrices d'un système organisé de passe-droits, réservé à une minorité de privilégiés, ne pouvait que scandaliser. Il s'agit là en outre d'un des rares secteurs où fonctionne encore l'« ascenseur social », en dépit du nombre croissant de postulants. Où s'exerce aussi ce qu'il est convenu d'appeler la « préférence nationale », puisqu'il faut être de nationalité française pour devenir fonctionnaire.

Or, tout bien réfléchi, ce clientélisme effréné nuit au fonctionnement harmonieux des services. Ce n'est pas moi seul qui le dis. Dans le *Journal de la Ville* (n° 86, 15 juin 1988, page 48), Roger Chinaud, s'exprimant au nom du nouveau groupe municipal (« Paris »), déplorait « l'interférence permanente d'une multitude de rase-murailles plus ou moins "techno", parfois incompétents, mais jamais responsables ». Bonne formule pour définir l'inutilité, voire la nocivité de ces pseudo-chargés de mission.

Enfin, je puis bien le dire sans trahir un secret d'Etat, j'ai été extrêmement choqué d'apprendre qu'un de mes anciens collaborateurs, Jean-Paul Garroté, ait pu être inquiété sans qu'aucun responsable à la Mairie de Paris ne soit intervenu pour protester contre ce déni de justice. Le déclic a eu lieu en mai 1998 quand j'ai lu dans la presse les dénégations intéressées de certains des responsables à l'Hôtel de Ville – que j'étais bien placé pour connaître – prétendant que tout cela se déroulait à leur insu et qu'ils n'étaient au courant de rien. A les en croire, ils auraient tout ignoré des conditions d'affectation des chargés de mission dont ils signaient pourtant les contrats de recrutement. Leur main gauche ne savait pas ce que faisait leur main droite – à moins qu'ils n'eussent plus de mains ? Ce n'était ni sérieux ni courageux. C'était même très révoltant. J'ai compris qu'encore une fois on allait se rabattre sur des boucs émissaires, qu'on tenterait d'incriminer des lampistes plutôt que de cerner et assumer les vraies responsabilités. Je me suis rappelé les conditions ignominieuses dans lesquelles j'avais moi-même été écarté de mon poste, le 15 juin 1988. Et ce qui m'est arrivé le 24 juillet 1990. C'est ce qui m'a décidé à dire ce que je savais.

Sans attenter à la présomption d'innocence de qui que ce soit, paraphrasant la célèbre formule de Zola – « la vérité est en marche et rien ne l'arrêtera » –, ces derniers mois, la presse m'a apporté la confirmation incidente de la justesse de mon analyse : la justice est en marche et rien ne l'arrêtera. Courant septembre, c'est l'annonce du « bouclage » imminent du dossier du financement du parti communiste au travers de bureaux d'études. C'est, à droite, l'annonce – en mai dernier – du renvoi en correctionnelle de certains dirigeants de Force démocrate pour la fin de l'année. Et je note là encore, dans ce dernier cas, l'étrange isolement, que la presse rapporte, d'une des « petites mains » du système qui, confronté aux déclarations desdits dirigeants qui voudraient bien lui faire passer l'habit, trop grand pour lui, confie avec amertume : « Je suis très attristé de lire ce qu'ils ont déclaré. J'ai même été choqué. Je ne peux pas le supporter. Il faut avoir le courage de prendre ses responsabilités, et là, le moins que l'on puisse dire, c'est qu'ils ont fui leurs responsabilités... »

L'éclatante confirmation de la véracité de mon point de vue est venue le 25 août 1998 – jour anniversaire, ô combien symbolique, de la Libération de Paris... A l'occasion de sa mise en examen par le juge Patrick Desmure, Alain Juppé, non sans panache, a clairement indiqué qu'il « assumait » la responsabilité des actes accomplis en sa double qualité de Secrétaire général du RPR et d'adjoint au Maire de Paris chargé des Finances. Bien sûr, cela ne signifie pas qu'il soit coupable au sens juridique du terme des infractions qu'on lui reproche et qu'il conteste. Mais, sur le plan politique, il ne se dérobe pas. Le 26, à l'occasion d'une interview par Claude Sérillon sur *Antenne 2*, Philippe Séguin a lui aussi explicitement reconnu l'existence d'emplois « fictifs » bénéficiant au RPR au cours de la dernière décennie. Le lecteur comprendra aisément que je n'aie pas voulu me ranger au nombre des dindons de la farce. La vérité souffre qu'on la regarde en face et qu'on n'en soit pas ébloui. Le général de Gaulle disait déjà que le véritable courage est d'accepter d'être ignoré ou négligé des siens. Mais, comme le souligne si bien le professeur Alexandre Minkowski, on a beau être « con », on a sa dignité. Je ne voudrais pas que les hiérarques de l'Hôtel de Ville puissent croire qu'ils vont s'en tirer à si bon compte.

Le décret statutaire parisien du 15 février 1988

« Sire, toujours votre serviteur ; votre esclave, jamais ! »

Le Cardinal de Fleury
apostrophant le roi Louis XV.

Que n'ai-je médité davantage l'apostrophe du Cardinal de Fleury, Premier ministre du Bien-Aimé ! Le pendant des emplois de complaisance, c'est la défense et illustration de la fonction publique recrutée par concours. Qu'on y songe : la cohorte des « emplois fictifs » porte sur quelque trois cents emplois contractuels ; or, en 1985, l'ensemble des cadres municipaux titulaires *recrutés par concours*, tous services confondus, ne représente pas plus de quatre cent cinquante emplois de titulaires au total ! L'affaire des « emplois fictifs » à la Mairie de Paris révèle donc au grand jour un système destiné à passer outre au principe du recrutement par concours.

Le moins mauvais de tous les mauvais modes de sélection, c'est le concours public. Comme la démocratie est le moins mauvais de tous les mauvais régimes politiques, car il n'en existe pas de parfait. La multiplication des passe-droits, le fait du Prince sont des entorses graves au principe d'une sélection issue d'épreuves dont l'objectivité, la neutralité et l'impartialité sont garanties par les règles du concours public.

Je sais que d'aucuns se gausseront : que n'a-t-il lui-même, quand il était en charge, commencé par balayer devant sa porte ? Mais il n'est jamais trop tard pour regretter et agir.

La notion de service public à la française repose sur l'indépendance d'esprit des corps de fonctionnaires titulaires. Ce grand principe sous-tend les règles de recrutement. L'apolitisme est garanti par les statuts et la jurisprudence du Conseil d'Etat. A l'occasion de l'affaire Dreyfus, un arrêt de 1905 de la Haute Assemblée a réaffirmé solennellement l'obligation de neutralité des fonctionnaires. Celle-ci s'impose aux agents publics dans l'exercice de leurs fonctions, quelles que soient leurs convictions personnelles. Et à l'Administration tout entière avec un grand « A ». A l'époque, l'Etat-Major mettait en fiches les opinions alléguées des officiers. Le Conseil d'Etat a censuré cette pratique illicite : en aucun cas les opinions politiques, philosophiques ou religieuses d'un fonctionnaire ne doivent entrer en ligne de compte dans l'appréciation de sa manière de servir. *A fortiori* dans son recrutement.

La seule règle qui vaille regarde l'agent lui-même. Elle relève de l'éthique personnelle : c'est la clause de conscience. On voudrait m'imposer ce à quoi je ne saurais me soumettre ? Je m'y refuse et j'en tire les conséquences en présentant ma démission des fonctions que j'exerce.

A Paris, les hauts fonctionnaires au service de la Ville appartiennent pour la plupart aux grands corps de l'Etat. Ils sont détachés auprès de la collectivité parisienne à un emploi d'accueil, en général pour cinq ans. En cas d'incompatibilité d'humeur, rien ne leur interdit, tout leur commande même, de demander leur réintégration dans leur corps d'origine.

Dans l'affaire des marchés publics de la région parisienne qu'instruisent les juges Eric Halphen et Patrick Desmure, le responsable des services financiers de la Région, de son état magistrat de la Cour des Comptes, a, dès la mise en cause des pratiques de la commission d'appels d'offres régionale, demandé et obtenu sans difficulté sa réintégration immédiate au sein de la haute juridiction.

Bien sûr, le système est réversible et joue dans les deux sens : la collectivité élue peut aussi souhaiter ne pas conserver Untel et, par contre, s'assurer le concours de tel autre.

J'aurais mauvaise grâce à nier que la question m'ait jamais été posée. En 1977, au cours d'une conversation banale, on me demanda si j'éprouvais un quelconque scrupule à servir la municipalité nouvellement dirigée par Jacques Chirac. Je répondis que non. Eût-ce été le cas que, comme d'autres, j'aurais regagné immédiatement mon corps d'origine, le ministère de l'Intérieur, en demandant que fût mis fin à mon détachement à la Mairie de Paris.

A l'époque, contrairement à une opinion assez largement répandue et aux errements plus récents, l'inféodation politique n'était pas encore la règle dans la haute administration. Les alternances successives de 1981 et 1986 ont changé radicalement le cours des choses. Chacun se souvient des propos de Paul Quilès, élu parisien, au Congrès de Valence du PS, réclamant que des têtes tombent dans le panier de son ! Les lois Defferre et la décentralisation ont encore accentué le caractère insupportable de ces états d'allégeance et de subordination.

Si surprenant que cela puisse paraître aux yeux de certains, ni à l'époque ni depuis lors Jacques Chirac ne m'a jamais demandé d'adhérer au RPR. Je ne pense pas qu'il s'y serait risqué. C'eût été inconvenant de sa part. Je n'ai en fait adhéré au Rassemblement qu'en 1987. Et de manière purement incidente : à la demande et avec le parrainage d'Alain Juppé dont j'avais été le collaborateur en 1980. Encore n'adhérai-je que dans la perspective de me présenter aux élections, en place d'éligible, sur la liste de Jacques Féron, dans le XIXe arrondissement. En 1987, ce dernier m'avait déjà pressenti en vue du scrutin municipal de mars 1989. (J'y reviendrai, cette circonstance étant en étroite corrélation avec les déboires que j'éprouvai ultérieurement...)

En revanche, l'exemple de Jacques Chirac aidant, la pratique des doubles carrières – politique et administrative – devint monnaie courante aux plus hauts niveaux de l'administration de la Ville dès 1977. Les exemples en sont légion. Ainsi des recrutements de Denis Baudouin, du musicien Marcel Landowski, de Maurice Ulrich en qualité de directeurs de la Ville. Victime de la victoire de la gauche en 1981, Robert Pandraud perd son poste de directeur général de la Police nationale, mais, sans coup férir, rallie la Ville à un emploi de secrétaire général adjoint, avant d'être nommé directeur du cabinet du Maire. Directeur des Finances de 1980 à 1983, avant de basculer dans l'arène politique, Alain Juppé rédige déjà tout à fait ouvertement les discours du Maire en qualité de président du RPR, tout en s'occupant activement de la circonscription de Mont-de-Marsan où il s'est présenté sans succès aux législatives de 1978 (et qu'il renoncera à conquérir pour battre l'estrade à Paris après 1983). Didier Quentin, directeur des Affaires internationales à la Mairie, brigue ouvertement la succession de Jean de Lipkowski, parlementaire en Vendée ; il ne parviendra à ses fins qu'en 1997...

Alors que j'exerce les fonctions de directeur des Affaires scolaires, je souffre d'un défaut critique d'encadrement : deux sous-directions sont vacantes, faute de titulaires. Quelques jours après le 10 mai 1981, Camille Cabana m'informe que mes problèmes sont résolus : je vais recevoir du sang neuf, toucher deux sous-préfets en rupture de ban, compte tenu de la victoire socialiste qui vient de se produire. Je ne peux que m'en réjouir. Je suis loin de me douter que l'un d'eux, fils de député, poursuit en réalité une carrière politique dans le Nord – sans succès notable. Sur intervention du cabinet, en sus de son secrétariat officiel, je devrai rapidement mettre à sa disposition un secrétariat officieux, uniquement dédié à ses activités politiques dans le Nord.

Le propre directeur adjoint de l'une des plus importantes directions relevant du cabinet est là pour ordre. En réalité, il est élu municipal dans une commune de la Côte d'Azur où il passe le plus clair de son temps, et on le comprend !

Un autre directeur en titre est rattaché pour la forme au cabinet du Maire où il dispose d'un bureau et d'un secrétariat avec la qualité (sans signification pratique) de chargé de mission auprès du Maire. Il exerce en fait, à titre principal, la charge de maire d'une des plus importantes localités en Corrèze.

Le record dans la confusion des genres est détenu sans conteste par l'une des principales délégations générales de la Mairie. Le directeur en titre est conseiller régional. Son sous-directeur cumule ses fonctions d'élu municipal avec celles de conseiller général. En tant que responsable des Transports automobiles municipaux (TAM), j'aurai un jour la surprise de découvrir qu'un train de pneus-neige est régulièrement mis à la disposition de la voiture de service du directeur à l'approche de la période hivernale. La circulation en région parisienne ne le justifiait en rien, mais bel et bien les fonctions de l'intéressé dans sa région d'élection, sans aucun rapport, sinon de commodité, avec les responsabilités qu'il exerçait à la Mairie de Paris !

S'il en va généralement ainsi aux niveaux les plus élevés, les emplois subalternes ne sont pas en reste. J'ai décrit les contrats de collaborateurs où, à tous les niveaux (moyen et inférieur, mais aussi supérieur), le clientélisme est roi. Si le mode naturel de recrutement dans la fonction publique est le concours public, les emplois contractuels sont l'exception qui confirme la règle. Ainsi s'instaure insensiblement une sorte de fonction publique *bis*, généralement peuplée de créatures serviles, étroitement subjuguées par la personnalité de leur chef.

Je le vérifie peu après ma prise de fonction, en 1981, en qualité de directeur des Affaires scolaires. Une réunion d'information que préside le Maire en personne est organisée en présence des Associations de parents d'élèves de l'Enseignement public (PEEP), proches de la droite. Les conditions de recrutement des animateurs des centres aérés, généralement contractuels, s'agissant d'une activité saisonnière, sont sous le feu de critiques virulentes. Vient le tour des propositions : une militante RPR, mère d'élève, que je n'attendais pas, demande froidement au Maire pourquoi l'on ne puiserait pas les animateurs dans le vivier des jeunes RPR, plutôt que de les recruter par concours. Silence gêné dans l'assistance. Le Maire me passe le micro et la « patate chaude »... Il n'est pas mécontent de dégager en touche et de laisser un fonctionnaire se dépatouiller. J'explique que les critères d'allégeance politique n'ont pas cours à la Mairie et que nous sévirions sans faiblir contre ceux et celles qui se départiraient de la nécessaire neutralité attachée à l'exercice de leurs fonctions.

Réponse du berger à la bergère : cela me vaudra d'hériter une structure montée de toutes pièces pour la circonstance – une association dont la présidence est confiée à un chargé de mission contractuel cadre supérieur, payé par la Mairie, ancien député, recalé du suffrage universel... Sa mission consistera à s'assurer précisément du « bon » profil des futurs animateurs des centres aérés de la municipalité...

J'en viens enfin aux « tours extérieurs ». On appelle ainsi les nominations effectuées à titre interne dans les corps d'encadrement supérieur. C'est là que s'exprime le clientélisme le plus effréné. En principe, ces récompenses sont réservées aux meilleurs agents qui ont émergé du rang. Ceux qui n'ont pas eu la bonne fortune de pouvoir se présenter aux concours de recrutement des cadres supérieurs de la fonction publique. Il est logique, en effet, de promouvoir des modes d'accès internes aux emplois supérieurs.

En réalité, c'est l'occasion de trocs que ne désavoueraient pas des marchands d'esclaves. Les candidatures « recommandées » – les seules qui vaillent – sont mesurées au trébuchet des candidatures « méritantes » : on met en parallèle un candidat « politique » et la promotion d'un

« interne » méritant. Le dévoiement du système consiste en ce que les bons éléments aident à faire passer les « mauvais ».

Ces nominations sont prononcées conformément aux propositions des commissions paritaires. Heureusement, l'avis favorable n'est pas suffisant : il faut que la décision de nomination soit *conforme* à l'avis. La règle courante consiste en une nomination au « grand choix » au tour extérieur pour neuf nominations de jeunes administrateurs issus de l'ENA et recrutés par concours.

En raison de la rareté des promotions offertes, l'acharnement des solliciteurs et de leur patronage dépasse parfois l'entendement. En qualité de président, je suis soumis – tout comme les représentants de l'administration qui prennent part à ces commissions paritaires avec les représentants élus du personnel – à un « lobbying » intense, assailli de revendications comminatoires, parfois même l'objet de menaces ou de tentatives de pression à peine déguisées.

De mon temps passeront ainsi dans l'encadrement supérieur de la Ville un certain nombre de « créatures » du Maire. J'aurai la main forcée pour les faire nommer administrateurs. L'un d'eux s'illustrera par la suite comme l'un des principaux ordonnateurs des distributions d'appartements de complaisance, n'oubliant pas au passage – charité bien ordonnée commence par soi-même – de s'attribuer un logement du domaine privé municipal. Un autre que j'aurai ainsi promu, en 1988, après mon départ, sans même avoir jamais exercé comme sous-directeur, sera bombardé directeur, et, après 1995, suivra son mentor à l'Elysée. Du moins ces menues compromissions permettront-elles d'assurer la promotion de « vrais » cadres internes dont les syndicats et l'administration s'accordent à reconnaître l'avancement comme équitable.

Un jour, voici venu le tour – du moins est-ce l'opinion du poulain – de Raymond Nentien, collaborateur de Jean Tiberi au Bureau d'Aide sociale du Ve arrondissement. Son mentor nous presse de le promouvoir à toute force au tour extérieur. Convoqué par Jean-José Gramont, chef de cabinet du premier adjoint, je fais clairement comprendre à ce dernier que, quels que soient ma bonne volonté et mon souci d'être agréable au premier adjoint, la candidature de M. Nentien ne sera ni considérée comme opportune, ni surtout retenue comme utile, du moins aux yeux des syndicats. Et l'administration ne pourra que s'incliner, verrouillage de l'« avis conforme » oblige.

Toujours l'« avis conforme »... Je me garde bien d'aller contre : heureusement qu'il existe ! C'est l'unique bouclier dont je dispose alors contre les solliciteurs. Le nombre restreint des possibilités de nomination donne en effet lieu à d'âpres négociations. Souvent à des « accords » de troc pluriannuels, peu avouables, avec les syndicats de cadres. Pour ma part, je m'abstiens toujours de « passer en force », refusant d'user de la voix prépondérante que je détiens en tant que représentant du Maire présidant la commission paritaire.

Au contraire, je veille toujours à ce que l'unanimité sur les candidatures retenues se fasse entre les représentants de l'administration et ceux du personnel. Quitte, bien sûr, à avancer et défendre les recommandations du Maire et des élus, comme c'est mon rôle.

Dans l'épisode évoqué plus haut, ainsi que je l'avais prévu, la candidature de Nentien est bien évidemment écartée. Je passe rendre compte chez Camille Cabana. J'explique au secrétaire général que, d'accord avec les syndicats, j'en fais mon affaire au tour suivant, l'année prochaine. Le secrétaire général téléphone devant moi au premier adjoint, Jean Tiberi, pour lui faire part de l'échec de son protégé. Je suis le témoin bien involontaire d'une belle algarade. Le secrétaire général essuie une volée de bois vert. « Camille », très serein, essaie de calmer « Jean » : il maintient fermement la position adoptée et défend son directeur de l'Administration générale, voué aux gémonies par son puissant interlocuteur.

Aux Affaires scolaires, en 1981, un différend de ce genre m'a déjà opposé à Jean Tiberi, par personne interposée. L'affaire est d'autant plus périlleuse que le deuxième adjoint a la haute main sur le personnel. L'un de mes collaborateurs, inspecteur administratif, professe des opinions de gauche, tout en faisant parfaitement son métier. Son loyalisme, sa conscience professionnelle ne sauraient être mis en cause par personne. Je suis encore le mieux placé pour en juger : à l'époque, je reçois séance tenante toutes les directions d'école et les associations de parents d'élèves qui en font la demande. Mes interlocuteurs étant par tempérament, sinon par conditionnement, plutôt avares de compliments à l'égard de l'action municipale, je suis donc bien informé de ce qui ne va pas dans les écoles parisiennes.

L'une des égéries du Maire, une jeune femme aussi brillante que jolie et dont le secteur électoral coïncide avec le ressort de l'inspecteur administratif incriminé, s'est mis en tête d'évincer ce dernier. Elle ne cesse de m'adresser des philippiques incendiaires demandant son renvoi. Un jour, elle finit par me confesser son désarroi : « Monsieur le directeur, vous vous rendez compte, il embrasse même les directrices sur la bouche ! » C'est sa manière de m'exhorter à lui signifier son congé sans préavis. A mes yeux, il est au contraire évident que mon collaborateur accomplit bien son métier, à la satisfaction générale de la communauté scolaire. Je sais, pour l'avoir vérifié, que celle-ci l'apprécie et ne comprendrait pas que je le sacrifie à une vindicte publique, *a fortiori* à un caprice d'élu. Je refuse d'obtempérer.

Bien mal m'en prend. Quelque temps plus tard, François Collet, adjoint au Maire chargé des Affaires scolaires, me convoque, vaguement gêné. Comme je le craignais, je comprends à demi-mot que notre élue s'est plainte auprès de Jean Tiberi de mon manque de « coopération ». Je sens l'embarras de Collet, homme d'honneur que je respecte profondément. Sans vraiment l'exiger, il me demande le congédiement de l'intéressé. Sans mot dire, je réclame une feuille de papier qu'il me tend par-dessus la table. Séance tenante, je me mets en devoir de rédiger ma démission. Je la lui remets, assortie de la requête que le Maire veuille bien me remettre à la disposition de mon corps d'origine l'Intérieur. Je suis veuf, sans charges. Ce que je fais me passionne. Ce n'est certes pas une sinécure, mais je ne m'y maintiendrai pas au prix d'une telle bassesse.

Dans ma mémoire redéfile l'image de Paul Reverdy, l'un de mes anciens patrons, rangeant quelques années plus tôt ses affaires et mettant de l'ordre dans son bureau. La scène se déroule bien avant la municipalisation de la capitale. Au cours d'une réunion à la Région, rue Barbet-de-Jouy, un accrochage très vif venait de l'opposer à Roland Nungesser. Les foucades du maire de Nogent-sur-Seine sont bien connues. Tout en incitant Reverdy à tenir bon, Christian de La Malène l'a prévenu qu'il ne peut guère le protéger contre ce personnage qui se vante de faire la pluie et le beau temps dans les ministères. Paul Reverdy fait philosophiquement ses paquets. Misère et splendeur des responsables...

Ni mon ex-patron ni moi-même n'aurons en définitive été remerciés. Ce type d'incident est toutefois doublement significatif. D'une part, les maîtres du moment recherchent l'assistance de séides engagés, voire de sicaires uniquement dévoués à leur personne ; cet attachement d'esclaves à maîtres doit être d'autant plus fort que ces maîtres brillent par leur médiocrité. D'autre part, notre statut de fonctionnaires de l'Etat, mis à disposition de la collectivité parisienne, est notre meilleure protection contre l'arbitraire et la vindicte des élus. Au pire, nous regagnons notre corps d'origine et on n'en parle plus...

Mais cette indépendance d'esprit n'est pas du goût de certains. Et elle peut parfois se payer fort cher, je suis bien placé pour le savoir !

Dans la fonction publique, que ce soit dans l'Etat ou au sein des collectivités locales, l'entourage des élus alimente malheureusement la présence de toutes sortes de demi-soldes, soldats de fortune, exécuteurs de basses œuvres prêts à toutes les compromissions et guère regardants sur les moyens que seule la fin poursuivie, quelle qu'elle soit, justifie. Individus avec lesquels il nous faut bien compter, parfois même composer et ruser. Et qui, en dépit de nos mises en garde, conduisent souvent leur maître à sa perte...

C'est à dessein que mes collègues et moi-même recourons à demi-mot, à propos de ces palefreniers, à une comparaison à peine excessive : celle qui ressortait jadis de l'opposition entre la SS et la Wehrmacht au sein de l'armée allemande...

Le point de rupture avec ces « seconds couteaux » – la goutte d'eau qui fait déborder le vase – est atteint à propos d'un dossier « capitalissime » pour les personnels municipaux. Ce dossier va m'aliéner définitivement Jean Tiberi. Et me coûter ma carrière. Car je présume que ni le Maire adjoint ni son secrétaire général, Guy Maillard – qui succède à Camille Cabana en 1986 –, ne me le pardonneront. Je n'en ai aucun regret, ayant agi selon mon sens du devoir et ma conscience, au-delà d'un loyalisme de pure commande auquel je ne me suis jamais senti obligé. Je ne suis pas loin de penser qu'à partir de 1988, tous mes ennuis vont découler de cette prise de position.

De par leur passé préfectoral, les fonctionnaires de la Ville de Paris bénéficient d'une tradition d'alignement de leur situation matérielle sur celle des personnels des administrations centrales de l'Etat. Celle-ci va de pair avec leurs conditions de recrutement. De tous temps, en effet, les personnels parisiens ont été régis par une stricte homologie avec ceux de l'Etat. Ce qui signifie, sur le plan pratique, que les mesures qu'édicte l'Etat au bénéfice de ses personnels, notamment les dispositions relatives aux rémunérations et indemnités, sont immédiatement transposables au personnel de la Ville de Paris, sous réserve du contrôle de légalité. C'est une situation de droit acquis à laquelle est bien évidemment attaché le personnel, car elle est garante de sa situation matérielle.

J'ouvre ici une parenthèse qui paraîtra un peu longue, mais qui me semble nécessaire. Contrairement à celui de la plupart des grandes communes, le recrutement de l'encadrement supérieur administratif à Paris s'effectue *via* l'Ecole nationale d'administration. Voilà, dira-t-on, qui est surprenant : l'ENA forme les cadres de l'Etat, pas ceux des communes ! Dans un numéro hors série consacré en 1997 à la Mairie de Paris (*La Chute de la Maison Maire*), en page 10, *Le Canard enchaîné* s'étonne de la singularité de ce mode de recrutement. Le journal satirique impute l'origine de cette exception à la « Chiraquie ». Il est vrai qu'on ne prête qu'aux riches ! Mais les choses ne sont cependant pas si simples. Paris, capitale du pays, siège des pouvoirs publics, des autorités constituées et des institutions républicaines, ne saurait être traitée en commune tout à fait comme les autres. Elle ne saurait être administrée selon le même droit commun communal.

Avant 1977, les administrateurs parisiens étaient déjà recrutés par l'ENA, *via* l'Intérieur. En 1977, la « municipalisation » parisienne s'est accompagnée d'une étatisation complète des personnels d'encadrement administratif. Il ne faut pas oublier que préexistait une préfecture... Les corps supérieurs d'encadrement ont alors été systématiquement intégrés dans le corps unique interministériel des administrateurs civils (et rattachés pour leur gestion – tradition préfectorale oblige – au ministère de l'Intérieur). Même chose en ce qui concerne les attachés.

Pour l'avenir, par contre – c'est-à-dire, dans la pratique, de 1980 à 1991, et à titre intérimaire –, les administrateurs nouvellement recrutés par des concours spéciaux propres à la municipalité parisienne ont été formés pendant deux ans à l'ENA sans avoir toutefois la qualité d'anciens élèves de l'Ecole (décret n° 77-188 du 1er mars 1977 relatif au statut particulier des administrateurs de la Ville de Paris). A partir de 1991, date d'effet des premières affectations résultant du décret n° 88-434 du 25 avril 1988, le corps des administrateurs de la Ville de Paris devenant un corps recruté directement à l'issue de la scolarité à l'ENA, les anciens élèves qui le souhaitent peuvent désormais choisir de faire carrière auprès de la Ville et prennent le titre nouveau d'« administrateurs de la Ville de Paris ».

C'est ce qui explique la présence, aux échelons de débutants à la Mairie de Paris, d'un grand nombre d'anciens élèves de l'ENA fraîchement émoulus de l'Ecole. Et c'est ce dont s'étonne à tort le journal satirique. Contrairement aux assertions du *Canard enchaîné*, Jacques Chirac n'y est pas pour grand-chose. Si ce n'est, à la faveur de la « cohabitation », en ayant pesé de tout son poids de Premier ministre en faveur d'une solution conforme aux intérêts bien compris de sa Mairie.

Etant l'un des artisans de la mise en place du décret d'avril 1988 en ma qualité de directeur du personnel, j'en ai suivi tous les stades d'élaboration. J'aurais mauvaise grâce à ne pas reconnaître que c'est la « cohabitation », et elle seule, qui a permis d'aboutir à ce résultat. Si nous n'avions pas contrôlé les leviers de commande de l'Etat, jamais, en effet, cette formule n'aurait vu le jour. Son avantage majeur est l'osmose ainsi créée avec le corps unique des administrateurs civils de l'Etat. Et donc la possibilité d'aménager des va-et-vient de l'un à l'autre. De désenclaver durablement l'encadrement supérieur de la Ville, réduit sans cela à sa « mesquine » boutique parisienne. Il n'est en effet ni bon ni souhaitable que les seules perspectives de carrière des cadres supérieurs parisiens soient confinées au territoire et aux compétences de la Ville.

Le Canard enchaîné feint d'ignorer une autre réalité et prend de plus quelques libertés avec la chronologie. Cette fois, c'est l'ensemble du personnel, et pas seulement les catégories supérieures, qui est concerné. Et c'est la gestion de ce dossier qui va m'aliéner définitivement Jean Tiberi et ses proches.

En 1984, dans le cadre de la décentralisation, le gouvernement socialiste de l'époque, au mépris de la tradition séculaire parisienne, fait litière du passé préfectoral et décide d'incorporer les agents de la Mairie de Paris dans le moule commun de la nouvelle fonction publique territoriale en cours de constitution. Terminée la scolarité de deux ans à l'ENA mise en œuvre depuis 1980. Paris sera désormais régi comme n'importe quelle commune, par le droit commun des personnels territoriaux.

La mauvaise manière faite au Maire de Paris est évidente ; elle vise à dresser ses personnels contre lui.

Les socialistes affectent de traiter sur un pied d'égalité les agents communaux d'une ville comme Mende et ceux de la capitale... C'est bien évidemment méconnaître les deux réalités. Paris, on ne le répétera jamais assez, n'est pas, n'a jamais été et ne sera jamais une collectivité territoriale comme les autres. A cela, il y a au moins deux bonnes raisons :

La plus connue est le statut de la police parisienne. Le Maire de Paris est le seul maire de France à ne pas disposer des pouvoirs de police.

Ceux-ci sont confiés dans la capitale à un fonctionnaire d'autorité, désigné par le gouvernement, le préfet de police. Sur le territoire parisien siègent en effet les organes représentatifs de l'Etat et des corps constitués, puisque c'est la capitale du pays. Les institutions républicaines se sont toujours défiées de Paris, terreau des révolutions et de turbulences sociales de tous ordres.

L'autre raison est l'attachement naturel des personnels parisiens à la défense de leur situation matérielle. C'est la fameuse notion, si française, de « droits acquis ». Alignés jusqu'en 1984 sur les avantages statutaires et indemnitaires plus favorables accordés par l'Etat à ses propres serviteurs, les personnels de la Ville de Paris n'ont, dans leur grande majorité, rien à attendre, et plutôt beaucoup à perdre d'un alignement sur les agents des communes, bien moins traités, notamment du point de vue indemnitaire, et beaucoup moins bien considérés par le public.

La victoire remportée aux élections législatives de mars 1986 offrait une occasion historique de rétablir les agents parisiens dans leurs droits découlant de ce lointain passé et que les socialistes avaient de propos délibéré choisi de méconnaître. La majorité législative ayant changé, ce qu'une loi a défait en 1984, une autre peut désormais le rétablir sans encombre. Comme c'est mon rôle, je n'ai donc de cesse, dans le cadre des responsabilités que j'exerce, de « pousser » le dossier pour faire sortir nos personnels d'encadrement du carcan dans lequel la loi de 1984 a tenté de les enfermer.

C'est un engagement formel du Maire, avant qu'il ne parte pour Matignon, que j'essaie là de faire avaliser. Le lecteur a beau maintenant savoir à quoi s'en tenir quant aux promesses du Maire, il n'empêche : nous sommes comptables de leur respect vis-à-vis des personnels. Je n'ai pas non plus d'illusions sur le rapport des forces en présence, ni sur le sentiment réel que professent à ce sujet les responsables politiques de la Mairie, en l'absence du Maire. Les caciques de l'Hôtel de Ville – hors la garde rapprochée de ceux qui ont suivi Jacques Chirac à Matignon – ne sont pas loin d'estimer – et ils n'en font pas mystère : leurs propos, qui n'ont rien d'officiel, me sont rapportés à dessein – qu'ils s'accommoderaient fort bien de personnels territoriaux mis à leur disposition sans protection statutaire aucune, hormis leur état permanent d'allégeance et de soumission aux élus.

L'occasion m'est aussi donnée de vérifier la justesse de l'adage selon lequel il est plus facile de traiter avec ses ennemis que de composer avec ses amis. L'ignorance, la méfiance, voire l'hostilité des administrations centrales – l'Intérieur et les Finances – vis-à-vis des problèmes parisiens sont patentes. Il n'y a donc rien à attendre de ce côté-là, sinon des embûches et des traverses. J'en aurai la confirmation dans l'élaboration technique du dossier du décret statutaire.

La première déconvenue d'importance vient de nos propres amis. J'ai beaucoup pesé en faveur d'un projet de loi qui aurait plus de force qu'un simple texte réglementaire. Il me paraît en effet plus sûr pour l'avenir que, de manière solennelle, soit inscrite dans la loi la parité de traitement des personnels parisiens et des personnels de l'Etat ; il faudrait en effet un vote parlementaire pour remettre ensuite en question cet alignement. Malheureusement, le nouveau ministre délégué aux Collectivités locales est un élu parisien, Yves Galland, de surcroît UDF, peu enclin à prendre des risques. Son directeur de cabinet, en poste à la Ville auparavant, est un florentin, féru de petites précautions et de demi-mesures. Il affecte de sous-estimer l'importance du dossier en dépit des promesses formelles du Maire. Je le soupçonne, peut-être inconsciemment, de parier sur l'élection du Maire à la présidence de la République et, en bon adepte du maître, de ne pas voir, d'ici là, l'intérêt d'honorer une promesse qui n'engage que ceux qui l'ont reçue... A l'occasion d'un petit déjeuner place Beauvau, il m'explique, en présence du ministre délégué, qu'il ne saurait être question de froisser les syndicats de la fonction publique territoriale ; qu'un projet de loi concédant de tels avantages aux seuls personnels parisiens, même justifiés par le passé préfectoral, provoquerait une véritable levée de boucliers que le ministre ne peut se permettre d'affronter.

Je suggère alors une autre voie, plus fragile, pour apaiser les inquiétudes d'Yves Galland : celle d'un « cavalier » parlementaire, c'est-à-dire d'une proposition de loi à l'initiative d'un élu RPR non parisien. A tout le moins, une porte de sortie honorable. Même refus sans appel.

Sur le plan interne, une sorte de troïka s'est constituée en sourdine pour diriger la Ville. Pendant la cohabitation, à la différence de l'époque bénie où le duo Cabana/Pandraud coiffait l'Administration municipale, ce comité occulte tient les directeurs à l'écart. Composée de trois hommes, cette structure souterraine relève du plus pur style Tiberi. Ces hommes-liges sont tout à la dévotion du maître qui les a désignés. Ils n'ont en aucun cas ni le charisme ni l'envergure des deux anciens ministres passés du service de la Ville à celui de l'Etat. La comparaison ne viendrait même pas à l'esprit, sauf à risquer le ridicule. Toujours est-il que ce choix n'est pas innocent.

Le premier est un personnage de salon, gandin, précieux, déformé par le milieu culturel parisien. Il ne fera pas longtemps carrière à la Ville : désappointé qu'à l'issue de la « cohabitation » ses ambitions n'aient pas été récompensées par un poste de directeur, il quittera le cénacle parisien pour monter sa propre entreprise.

Le second est un « ami » ; d'une toute autre envergure que le précédent, il ne tardera pas à se heurter à Jean Tiberi. Je sais, parce qu'il me l'a dit, qu'il n'a pas les coudées franches. Il se refuse en effet à faire passer les notes qu'il adresse directement à Jacques Chirac, à Matignon, sous le couvert du Premier adjoint, Jean Tiberi, qui ne cesse de le lui réclamer. Comme moi, il finit par partager l'incompréhension et la réticence générales à devoir rendre des comptes à un Tiberi. Quelque temps après la fin de la « cohabitation », écœuré, il « pantouflera » dans un grand groupe privé.

Enfin, le « troisième homme » est de loin le plus important, quoiqu'apparemment le plus anodin, le plus inoffensif. Sa fidélité à Jean Tiberi ne sera jamais démentie. Il a fait toute sa carrière dans le sillage des élus. Je le connais dès l'origine, car nous avons commencé notre carrière à peu près en même temps. Son prédécesseur au poste qu'il occupe, qui est un ami, m'a mis au fait de ses petites intrigues. En 1986, il a obtenu du Maire de se faire doter d'un poste *ad hominem* calqué sur celui d'un directeur, assorti de l'attribution parfaitement injustifiée d'un logement par nécessité absolue de service ! Quand le projet de délibération me fut adressé avant envoi au Conseil de Paris, je l'assortis d'un avis défavorable en faisant remarquer que les astreintes de l'emploi étaient strictement limitées à quelques journées par mois. J'ajoutai qu'on aurait pu s'épargner cette *combinazione* en faisant plutôt appel à un fonctionnaire titulaire pour pourvoir le poste. L'intéressé se fit néanmoins attribuer par arrêté du Maire l'appartement du domaine de la Ville, qu'il convoitait dans le Marais. Il le fit luxueusement aménager, entièrement aux frais du contribuable parisien, ne lui épargnant ni réfrigérateur ni rideaux... En fidèle courtisan, notre homme plaide en faveur du *statu quo*. Il ne veut à aucun prix d'une fonction publique parisienne alignée sur celle de l'Etat. A l'époque, en ma qualité de directeur du personnel, je dispose d'une note qu'il a fait signer au Premier adjoint, à mon intention, dans laquelle il me demande rien moins que le remplacement de tous les agents placés sous son autorité, sans exception. Personne ne trouve grâce à ses yeux. Il aura, durant toute sa carrière, pris grand soin d'éliminer tous ceux qui pouvaient lui porter un semblant d'ombrage.

L'échec de Jean Tiberi sera patent et inéluctable à mes yeux du jour où j'apprendrai qu'en 1995 il s'est entouré de ce genre de concours en accédant à la magistrature municipale laissée vacante par Jacques Chirac.

J'en reviens à mes préoccupations de l'époque. Ce n'est pas là le moindre de mes étonnements, mais je ne m'attendais pas à ce que cette tiédeur vis-à-vis de mon projet – peut-être, après tout, s'agit-il d'un parti pris d'immobilisme ? – soit partagée par le nouveau secrétaire général. Le préfet Guy Maillard a remplacé Camille Cabana, devenu ministre en mars 1986. Ils se connaissent de longue date, Guy Maillard ayant fait ses premières armes en qualité de sous-préfet à la Préfecture de Paris. Pourtant, je ne ménage pas mes efforts pour faire mesurer au nouveau secrétaire général toute l'importance d'un tel dossier, et l'attachement qu'y portait son prédécesseur. Rien à faire : le scepticisme de Guy Maillard est bien réel. Il est entretenu en sourdine par son directeur de cabinet que je soupçonne de multiplier les chausses-trapes en coulisse.

Mon service est amené à rédiger plusieurs versions successives du décret, sans cesse remises sur le métier à la demande du secrétariat général.

Les moutures se succèdent, sans jamais trouver grâce. On ne s'y prendrait pas autrement pour me faire comprendre qu'on n'en veut pas.

De 1986 à 1988, le dossier marque le pas. Je m'épuise en multiples démarches pour tenter d'emporter la conviction du secrétaire général. Je sais bien que son intérêt n'est que de pure commande et qu'il paraît surtout soucieux que de ne pas déplaire en haut lieu, mais à qui ? Le sort des personnels parisiens paraît le cadet de ses soucis.

Le secrétariat général du gouvernement, dirigé par le conseiller d'Etat Renaud Denoix de Saint-Marc, multiplie les objections juridiques alors que le problème est essentiellement d'ordre politique, au meilleur sens du terme. Je ravaude régulièrement l'ouvrage pour tenter d'emporter la conviction de parties inconciliables alors que, compte tenu des engagements pris par le Maire-Premier ministre, elles devraient marcher du même pas et dans le même sens. Début 1988, à quelques mois de la fin de la cohabitation, j'en viens à sérieusement douter que le décret voie jamais le jour.

En désespoir de cause – d'atermoiements en rebuffades et en reculades –, j'en arrive à envisager sérieusement de passer outre. De court-circuiter tout ce petit monde pour en appeler directement à Jacques Chirac, par-dessus la tête des Tiberi et des Maillard, *via* Camille Cabana et Alain Juppé. C'est en définitive la seule solution qui vaille. A défaut, je sais bien que, de toute façon, j'assumerai seul l'échec qui se dessine. Et que les personnels ne manqueront pas de l'inscrire au passif du Premier ministre, s'il réintègre un jour la Mairie. Personne ne comprendrait qu'alors qu'approche le terme de la « cohabitation », ce problème n'ait pas été réglé favorablement.

Ainsi, à quelques semaines de l'issue, je m'en vais exposer en confidence l'état de la situation aux deux ministres. Connaissant parfaitement le dossier et sachant que je ne fais là que me conformer aux directives et instructions reçues, Camille Cabana et Alain Juppé me promettent d'informer le Maire et de faire donner au directeur de cabinet du Premier ministre, Maurice Ulrich, les ordres nécessaires pour que le secrétariat général du gouvernement cesse tout blocage et que le décret statutaire sorte rapidement.

Mes efforts sont couronnés de succès quand le décret du 25 février 1988 est enfin promulgué au *Journal Officiel*. Il rétablit de manière durable les personnels parisiens dans leurs droits acquis de nature statutaire et indemnitaire.

Par la suite, Guy Maillard, quoique surpris, n'abordera jamais le sujet avec moi. Je ne suis même pas sûr qu'il ait jamais compris que la lettre que je lui ai envoyée le 3 mai 1988, où j'exprimais le vœu d'être appelé à d'autres fonctions après les élections de mars 1989, ait été en réalité dictée par le spectacle de la pusillanimité et de la médiocrité déployées par tous les échelons responsables dans cette pénible affaire.

Cruelle ironie ou juste retour des choses ? Le Maire, le 15 juin 1988, de retour à l'Hôtel de Ville, m'affecta en qualité de chargé de mission auprès de

Guy Maillard ! A dire vrai, même si je n'escomptais nulle récompense, je ne m'attendais ni à un tel excès d'honneur ni à une pareille indignité !

Sur recours des organisations syndicales qui, par passéisme et calcul – dans le souci d'englober le personnel parisien dans les gros bataillons de la fonction publique territoriale –, attaquèrent le décret au motif qu'il transposait les règles de la fonction publique d'Etat à la Ville, le décret devait être annulé par la suite. Ce qui démontrait *a contrario* le bien-fondé d'une inscription des droits acquis *dans la loi*, laquelle eût permis d'éviter une remise en cause périodique du statut des personnels parisiens...

Prémices
(1966-1977)

En 1966, j'entre dans une administration vieillotte, surannée. Trois facteurs rendent la situation archaïque : l'inadaptation du ressort géographique, l'imbrication des compétences, la sous-administration.

Tous ceux qui vivent aujourd'hui en région parisienne connaissent d'expérience les problèmes que suscitent les déplacements de banlieue à banlieue. Pour se représenter l'imbroglio qui prévalait en 1966, il suffit d'imaginer par exemple qu'il fallait se rendre en plein cœur du IVe arrondissement de Paris, à l'immeuble Morland, quand on habitait Rosny-sous-Bois, aujourd'hui commune des Yvelines, pour effectuer une démarche aussi banale que retirer le récépissé d'une demande de permis de construire !

Telle était pourtant, sans exagération, la réalité du temps de l'hégémonie de l'ex-département de la Seine. Une représentation géographique tentaculaire, démesurée, s'étendait sur l'équivalent de notre région parisienne, exception faite de la Seine-et-Marne. S'ensuivaient une centralisation administrative sans équivalent et son corollaire : l'absence d'une réelle administration de proximité. La gestion préfectorale depuis la capitale était totalement déconnectée des problèmes du terrain.

La deuxième critique consistait dans l'inadaptation des structures administratives. Les tâches de planification étaient confondues avec la gestion courante, sans aucune vision d'ensemble. S'agissant d'une préfecture de droit commun, l'administration de l'ex-département de la Seine était grosso modo à peine plus étoffée que celle de l'Ariège ou des Côtes-du-Nord (devenues par la suite Côtes-d'Armor).

Quelques illustrations des effets de ces incohérences :

Comme je m'intéresse aux investissements, en 1966, le ministère de l'Intérieur m'affecte auprès du préfet de la Seine, M. Maurice Haas-Picard, qui m'envoie à la direction générale de l'Enseignement, au bureau de l'Equipement scolaire. Première anomalie : cette direction est placée sous l'autorité d'un enseignant, inspecteur général de l'Instruction publique. On n'est jamais très bon prophète chez soi. La direction regroupe en son sein une inspection académique et une préfecture. Les services académiques sont responsables de la carrière des enseignants et de la vie des établissements ; les services préfectoraux ont la charge de l'intendance : fournir la logistique (livres, nourriture, activités extrascolaires), construire et entretenir les locaux scolaires, tous ordres d'enseignement confondus. D'où cette dichotomie fondamentale entre, d'un côté, les services « nobles » et, de l'autre, les « secondaires ». Le directeur général organise tant bien que mal – et plutôt mal que bien – la coordination entre ces deux identités répulsives l'une de l'autre, avec des rivalités de personnes récurrentes et des conflits de compétences permanents. En plus, ce qui n'arrange rien, l'autorité s'exerce sur un territoire géographique énorme : mon bureau, hors la Ville de Paris, est censé s'occuper d'une centaine de communes sur toute l'étendue de la région parisienne...

Seconde anomalie capitale : une absence de vision précise de qui fait quoi. L'étroite imbrication, au sein d'une même structure de compétences relevant tantôt de l'Etat, tantôt du département ou de la commune, ne facilite pas la transparence des décisions. Le centralisme bureaucratique et la prééminence, au sein de la direction, des représentants des corps de l'Etat appartenant à l'Education nationale (inspection académique et conseillers d'éducation) entraînent – en l'absence d'une représentation élue cohérente, j'y reviendrai – la prise en considération prioritaire des intérêts de l'Etat, avec parfois des conséquences inattendues, voire ubuesques, dont voici deux illustrations précises.

Dans les années soixante, l'Etat, aux abois, dépassé par les conséquences du *baby boom* de l'après-guerre, s'aperçoit qu'il lui faut, toutes affaires cessantes, trouver des terrains universitaires pour scolariser les classes d'âge dont une simple étude de la démographie aurait pu laisser prévoir les effectifs grandissants. Il est vrai que le bureau de l'Equipement scolaire n'est pas chargé d'effectuer les prévisions d'accueil scolaire, mais de traduire celles-ci en décisions d'investissement, c'est-à-dire d'assurer la programmation et le financement des équipements, puis de suivre la construction des établissements, une fois les crédits votés. Pour évaluer les besoins, je dépends des statistiques que nous communique l'« Organisation scolaire » (OS), laquelle relève des services académiques et est dirigée par un conseiller d'éducation. Je ne tarde pas à découvrir que les prévisions dont nous sommes abreuvés se révèlent régulièrement fausses à l'examen. J'en refais moi-même la correction que je m'empresse de communiquer au directeur, preuves à l'appui. C'est particulièrement grave, car à quoi sert-il de construire un équipement si la décision de programmation et de construction est fondée sur des prévisions d'accueil erronées ? Je demande le rattachement de l'OS aux services préfectoraux. Ma proposition reste lettre morte. Il ne sera pas dit qu'un produit de l'ENA aura eu raison d'un conseiller des services académiques ! On en était là, en effet, à l'époque, au sein du ministère de l'Education nationale...

Trouver des terrains : autant dire la quadrature du cercle ! C'est l'affolement. Surtout à Paris où les procédures d'expropriation sont longues et aléatoires. Modeste collaborateur du directeur général, je l'accompagne pour la première fois, en 1967, dans un grand bureau d'angle du deuxième étage de l'Hôtel de Ville où siège le préfet de la Seine. J'assiste à une réunion surréaliste parmi un aréopage couvert de titres et de mérites. La décision de principe est prise de mettre à la disposition de l'Etat un terrain du Bois de Vincennes (qui appartient à la Ville) destiné à recevoir la future faculté de Vincennes. L'édifice est parachevé en quelques mois par nos concurrents du service constructeur de l'Académie. On s'aperçoit ensuite que, dans la précipitation du moment, le chantier... s'est trompé de terrain et que l'université a été édifiée *à côté de celui destiné à l'accueillir* ! Fort heureusement, tout le monde n'y voit que du feu et l'installation, provisoire, sera détruite une décennie plus tard...

Au cours de la discussion, l'une des élues les plus en vue du Conseil général de la Seine proposa au préfet, médusé, de s'adresser directement au pape pour obtenir la libération des jardins de curé détenus par les congrégations dans la capitale et les mettre à notre disposition afin d'y bâtir des classes !... La même ne manquait jamais de se signer avant de monter à la tribune pour apostropher les élus communistes. Autre originalité : en commission, au Conseil général, j'avais toujours en réserve quelques exemplaires de secours des mémoires préfectoraux, la présidente ayant la malencontreuse habitude de mélanger nos documents avec ses courses dans un cabas dont elle ne se séparait jamais...

A l'occasion de cette même réunion – c'est mon second exemple – est aussi prise la funeste décision, lourde de conséquences, d'agréer la construction à Paris de collèges « industrialisés ». Il s'agit d'un procédé britannique permettant d'édifier en moins d'un an un collège d'enseignement secondaire (CES). Comme toujours en France, ce qui est nouveau est paré de mille et une vertus. Chacun se souvient de ces « CES - Pailleron », de sinistre mémoire. Sept furent construits selon ce procédé à Paris. Le sinistre qui embrasa celui du XVIIIe arrondissement, en 1970, dans des conditions qui défrayèrent la chronique, mit un terme à ces expédients catastrophiques. La Ville dut reconstruire selon le modèle traditionnel le CES détruit – autrement dit payer deux fois le bâtiment – et indemniser les victimes, très lourd dossier dont j'aurai à connaître un peu plus tard les détails, quand, après 1969, je serai passé au Budget.

Mon bureau avait eu la charge de construire le CES Pailleron. Evidemment, une fois la procédure pénale ouverte, comme toujours, les responsabilités furent recherchées. L'un de mes collègues, administrateur au sein du bureau, Berger de Nomazy, de vingt-cinq ans mon aîné, avait eu une intuition salvatrice : il tenait de je ne sais quelle source personnelle que le procédé de construction modulaire, breveté par les Britanniques, n'était pas au point et promettait des déconvenues. Nous avions donc rédigé tous les deux un mémoire recommandant au Conseil général de refuser la maîtrise de l'ouvrage et de s'en tenir plutôt à une construction traditionnelle, en dépit des délais. Nous savions que c'était un combat d'arrière-garde, perdu d'avance, et que l'Etat refuserait la solution traditionnelle, la décision de principe de recourir à une construction industrialisée ayant été prise chez le préfet. Bien nous en avait pris, cependant : l'Etat ayant passé outre à nos réserves pour imposer le procédé, l'expérience parisienne devant à ses yeux avoir valeur d'exemple, nous avions dû obtempérer. La maîtrise d'ouvrage avait donc été assumée par le service constructeur de l'Académie de Paris. Cette décision providentielle, et notre fameux mémoire – entre les mains des enquêteurs –, devaient nous sauver du trébuchet judiciaire, la responsabilité municipale ne pouvant être mise en cause puisque la Ville avait refusé d'assumer la maîtrise d'ouvrage. Mais notre refus coûta sa carrière au directeur des équipements du Ministère qui, quoique magistrat à la Cour des Comptes, fit l'objet de poursuites.

Cette affaire est exemplaire de la subordination à laquelle l'emprise de l'Etat confinait les élus et l'administration de la région parisienne.

Les procédures de financement étaient imposées par l'Etat avec des modes de financement croisés dont le contrôle échappait totalement aux élus. La construction des collèges neufs obéissait à une alternative de principe en apparence toute simple : ou la Ville conservait la maîtrise d'ouvrage, auquel cas l'Etat subventionnait la construction à 40 %, la Ville conservant 60 % du coût de construction à sa charge ; ou l'Etat (service constructeur des Académies de Paris) s'arrogeait ladite maîtrise et, dans cette éventualité, la Ville acquittait une participation financière représentant aussi 60 % du coût des travaux. En apparence, la participation municipale était donc limitée à 60 % ; en fait, il n'en était rien et il n'était pas rare que l'exécution des projets entraîne des dérives financières considérables. Ce système forfaitaire n'était pas responsabilisant : en effet, les aléas du projet (fondations spéciales, dépassements de prix, révisions de programme, etc.), entraînant des surcoûts majeurs, demeuraient à la charge exclusive du maître d'ouvrage. La Ville était donc implicitement encouragée à décliner la maîtrise d'ouvrage, à s'en tenir à son forfait non modifiable de 60 % et à s'en remettre à l'Etat, seul en mesure d'assumer, à ses risques et périls, les excédents de coût inhérents à l'exécution du projet. Il est vrai qu'à l'époque – j'y reviendrai – la Préfecture ne disposait pas d'un service constructeur performant, capable de relever le défi.

Le préfet de la Seine était en réalité le véritable et unique maire de Paris. Représentant de l'Etat, il était seul maître à bord de la nef municipale. L'Etat régnait sans aucun partage sur Paris et sa région. L'Elysée, Matignon, les ministères faisaient peu de cas du Conseil général, tenu pour autorité accessoire et négligeable. Le pouvoir de remontrance se résumait à des débats parfois vifs, mais toujours convenus, à l'occasion des deux sessions annuelles de l'assemblée. Les élus se défoulaient. Il est vrai qu'à l'époque, la tribune était le lieu de polémiques enflammées. L'opposition se déchaînait en philippiques d'autant plus vaines qu'elles restaient sans effet pratique. Dans l'intersession, seules les questions écrites et orales (sans débat, ce qui est significatif), auxquelles répondaient les services préfectoraux avec un retard qui frisait parfois l'indécence, tenaient lieu d'information des élus. Le préfet était seul maître de l'ordre du jour de l'assemblée. Avant 1971, je ne crois pas me souvenir d'avoir jamais vu quelque projet de délibération modifié par l'assemblée départementale, son travail se résumant à celui d'une simple chambre d'enregistrement.

A la première réunion du Conseil général du département de la Seine à laquelle j'assistai, je manquai prendre le secrétaire général pour un huissier. Episode anecdotique, mais significatif de l'époque. Un petit homme d'apparence quelconque, mal fagoté, est appuyé au chambranle de la porte de la salle de séances. Comme il est fréquent en séance, je m'apprête à lui demander de porter un petit mot à un élu. En réalité, mon « huissier » est le préfet Michel Virenque, secrétaire général de la Préfecture, l'un des plus puissants personnages de la maison, dont la mise modeste et l'air faussement anodin dissimulaient une grande puissance de travail et une détermination peu commune : j'aurai par la suite souvent l'occasion de le constater... Fort heureusement, l'un de mes camarades, mieux avisé, me détrompa immédiatement et prévint l'irréparable !

⁂

J'en viens à la tragique sous-administration de la Préfecture de la Seine. C'est peu dire : la misère de l'encadrement y est alors criante. Le manque d'hommes est patent, inimaginable. Aucun recrutement de sang neuf n'a été effectué depuis 1945. Le préfet Raymond Haas-Picard réclame des moyens au ministère de l'Intérieur. J'appartiens à la première vague de six jeunes administrateurs issus de l'ENA, venus renforcer la Préfecture à la demande du préfet. Evidemment, c'est peu. Nous jouons les pompiers et colmatons les voies d'eau...

Jeunes sujets frais émoulus de l'Ecole, nous sommes accueillis froidement et sans sympathie par un corps vieillot et exsangue. Le seul investissement nouveau réalisé depuis la guerre est le boulevard périphérique. Le mérite en revient aux corps techniques de l'Etat ; en clair, à la direction des Routes, les services techniques de la Préfecture de la Seine intervenant seulement en second rang. De leur côté, les administratifs de la Préfecture se relèvent péniblement de l'intégration des fonctionnaires rapatriés d'Afrique du Nord après 1961.

Le rejet est immédiat. L'une de mes collègues, Jacqueline Desmaret, est ainsi accueillie par son chef de bureau : « J'attends un commis, on m'envoie un administrateur. » Les tâches les plus rebutantes nous sont confiées. Je suis chargé de débrouiller le dossier de la rénovation de l'école Boulle, qui s'entasse dans deux bureaux et que personne n'a voulu dépoussiérer depuis des lustres. J'y consacre deux week-ends entiers. Je me souviens encore de la surprise du sous-directeur quand je lui apporte la synthèse de mon travail, mes propositions et le bordereau précis des milliers de pièces inventoriées.

Au lieu de me démobiliser, cette période contribue à m'aguerrir. Contre toute attente, je me surprends à prendre plaisir à surmonter ces obstructions délibérées. De cette période semée d'embûches me reste le souvenir ému du matricule 8106, celui de mon premier petit bureau de deux cellules au sein de l'immeuble Morland. C'est là que j'aurai l'occasion de vérifier la pertinence d'un point de vue qui me devint vite familier : avec de bonnes structures et des imbéciles, on n'arrive jamais à rien ; avec des gens intelligents et astucieux, quelles que soient les structures, bonnes ou mauvaises, on arrive toujours à un résultat satisfaisant.

L'ambiance est parfois proprement courtelinesque. L'un de mes collègues me rapporte que son chef de bureau a coutume de siéger les pieds nus sous son bureau, installés dans une bassine d'eau chaude que le petit personnel a pour mission de remplir et de vider la journée durant... Le sous-directeur dont je dépends, longtemps responsable de la paie des personnels, refait régulièrement, à ma grande surprise, les calculs de son bulletin de salaire, m'engageant un jour à faire de même « en raison des erreurs ». Il déjeune dans son bureau avec sa secrétaire. Mais c'est un gros travailleur, sérieux et bienveillant, ce qui rachète le reste... Notre chef de bureau, Mme Ducos de La Haille – paix à son âme : elle décédera dans un accident de voiture – arrive par contre au bureau sur le coup de dix heures et demie, part déjeuner de midi à quinze heures, et quitte invariablement les lieux à dix sept heures trente. C'est une ancienne dactylo parvenue au terme de l'ascension administrative. Le service pâtit de son désappointement : elle n'a pas été nommée sous-directeur, comme elle l'espérait. C'est un dommage qu'elle fait payer tous les jours à l'administration. Les documents s'étagent en piles de part et d'autre de son bureau. D'un côté, le courrier départ ; de l'autre, l'arrivée. Durant ses nombreuses absences, les employés remontent les dossiers urgents pour les placer sur le dessus de la pile... Elle est imbue d'elle-même et de l'étiquette, à l'instar du Duc de Saint-Simon, au point de me développer un jour toute une théorie sur l'assimilation d'un chef de bureau de la Préfecture de la Seine à un sous-préfet de troisième classe !...

D'une tout autre facture, Berger de Nomazy, l'autre administrateur du bureau, est un authentique aristocrate. Revenu de tout, sale, souvent dépenaillé, porteur parfois d'une barbe de trois jours, les apparences lui sont foncièrement défavorables. Sans descendance, il est en fin de carrière, désabusé, sans illusions, mais toujours accueillant et disponible, débonnaire et bienveillant, ouvert et perspicace. C'est lui qui fait marcher le bureau quand j'y arrive. C'est lui, je l'ai dit, qui déjouera le piège du dossier Pailleron en nous évitant la correctionnelle. Peu formaliste, proche du personnel comme les seigneurs pouvaient l'être du petit peuple, il a son franc-parler. Mais les agents savent pouvoir compter sur lui. J'apprends beaucoup à son contact. Sous-préfet sous Vichy, il a refusé de collaborer avec les autorités allemandes. Révoqué, assigné à résidence dans son château familial de Nomazy, près de Moulins, il sera réintégré à la Libération. En 1940, il a appartenu à l'une des unités qui combattirent pour de bon. Fait prisonnier, grièvement blessé, les Allemands le libérèrent en hommage à son courage. En 1870, son grand-père, chef d'état-major de l'armée, prêt à marcher contre les Prussiens, convoqué par Thiers pour reprendre Paris aux Communards, refusa net ; cassé aux gages sur l'instant, il mourut dans la misère. Berger lui-même est mort en 1967 d'un accident cérébral.

Tel fut le milieu singulier – si proche de l'administration qu'au siècle dernier Maupassant décrivit au ministère de la Marine – où je fis mes premières armes.

⁂

La transition se produisit naturellement en 1968. A mon niveau, les « événements » auront eu au moins l'intérêt de démontrer, d'une part, que le pire n'est jamais sûr, d'autre part, qu'à quelque chose malheur est bon. Une page aura été tournée, et définitivement.

Comme souvent, le hasard fait bien les choses : il amène à se croiser destins individuels et circonstances exceptionnelles qui, sans cela, ne se seraient jamais rencontrés.

Les trente ans de Mai 1968 ont été cette année l'occasion d'un déferlement de commémorations tantôt hagiographiques, tantôt maussades et incomplètes. Pour moi, Mai 1968 reste avant tout synonyme d'une extraordinaire pagaille. Avec le recul, le mot de « chienlit » utilisé par de Gaulle me paraît parfaitement approprié.

Je suis alors le témoin oculaire du dépérissement de l'Etat. Pour une fois, sous mes yeux, se vérifie la véracité de la théorie marxiste : l'effondrement des infrastructures précède et précipite celui des superstructures. Jour après jour, j'assiste à l'incroyable déliquescence de l'acquis quotidien, de l'ordre établi. Rien ne peut plus être tenu pour certain. Le lendemain, les vérités de la veille ont cessé d'avoir cours. Les transports publics s'arrêtent comme par enchantement. Les voitures restent au garage, faute de carburant. Tous les jours, j'effectue à pied, aller et retour, le trajet depuis mon domicile, à Cachan, jusqu'à l'immeuble Morland, à proximité de la Bastille : seize kilomètres quotidiens pendant trois semaines... Sans encombre, comme bon nombre, j'aurais pu m'accommoder de la situation et attendre chez moi le rétablissement des moyens de déplacement collectifs et le retour de l'essence dans les pompes. Personne ne m'en aurait tenu rigueur. J'occupe alors une place modeste dans la hiérarchie. Dans le climat du moment, cet abandon de poste fût probablement passé inaperçu.

Toutes les nuits, le quartier Latin est à feu sinon à sang. Matin et soir, traversant le Ve arrondissement dévasté, je peux me rendre compte de la progression de l'émeute. Je suis partagé entre la haine et l'incompréhension de ce que je vois. D'origine modeste, je ne puis me résoudre à admettre que des privilégiés, les étudiants, cassent leur précieux outil de travail.

Jamais les Français ne se sont sentis aussi profondément désorientés, aussi près de la guerre civile. On ne saurait dire à quel point il s'en est fallu de peu que les choses ne basculent. Un de mes amis, fils d'instituteurs, promu comme moi grâce à l'Instruction publique, effectue son service militaire au 501e régiment de chars de combat à Rambouillet. Bien après les événements, il me mit dans la confidence qu'ils auraient marché sur Paris sans sourciller s'ils en avaient reçu l'ordre.

Heureusement, de telles extrémités seront évitées, principalement grâce au sang-froid de quelques-uns. A Morland, le grand vaisseau administratif en bord de Seine, règne un climat d'abandon. Les bureaux, livrés à eux-mêmes, tournent à vide. On expédie les affaires courantes. Une grande partie du personnel, habitant en lointaine banlieue, ne peut plus rejoindre l'immeuble, faute de moyens de transport. Chaque jour qui passe, l'Etat s'enfonce davantage dans le chaos. Les rangs s'éclaircissent au fil des jours et à l'énoncé des nouvelles de la nuit, toutes plus alarmantes les unes que les autres. Avec quelques collègues de ma promotion en service dans les administrations centrales, nous tenons bon, maintenons le contact entre nous grâce au téléphone qui continue miraculeusement à fonctionner.

Un jour, un camarade en poste au cabinet du ministre des Finances m'appelle : il y a des archives confidentielles à mettre en lieu sûr, les « Rouges » (*sic*) étant sur le point de s'emparer du ministère. Je vais les chercher à pied avec une charrette à bras pour les entreposer dans mon bureau jusqu'au retour de temps meilleurs. Je traverse Paris dans l'indifférence générale, tirant mon chargement derrière moi comme si de rien n'était, rue de Rivoli et le long des quais, jusqu'à Morland.

La hiérarchie est en pleine tourmente. Les individualités sont réduites à elles-mêmes. Toute une série de combats, souvent anodins mais décisifs, se déroulent parfois à des niveaux subalternes. Peu conscients de l'enjeu global, leurs auteurs sont comme au cœur d'une bataille, sans perception d'ensemble du théâtre des opérations. A mon tour, tel Fabrice del Dongo, j'éprouve la sensation de prendre part à des événements dont la portée m'échappe...

Coup de chapeau à Pierre Sergent, un vieil administrateur. Je revois son visage buriné, son sourire ironique. Proche de la retraite, il ne fait pas de politique, se contentant de bien faire son métier. A la direction financière, il conserve la haute main sur la paie du mois. L'assemblée générale du personnel de l'immeuble, comme les comités révolutionnaires, siègent en permanence. A l'instar des autres « comités Théodule », pour faire bonne mesure, comme tout le monde, le soviet local s'apprête à décréter la grève générale. Sans même élever la voix, Sergent intervient, refroidissant brutalement les enthousiasmes : si la grève l'emporte, dans ces conditions, personne ne sera payé au 25 du mois... A ma connaissance, Pierre Sergent partira à la retraite sans un mot de remerciement ni une quelconque gratification pour sa présence d'esprit. Grâce à cet à-propos lumineux, la Préfecture, à commencer par l'immeuble Morland, aura pourtant tourné rond jusqu'au bout.

Les événements révèlent de fortes personnalités. Je fais ainsi la connaissance de Paul Reverdy. Je reviendrai sur son rôle à la Préfecture. En 1968, âgé de quarante-cinq ans, cet inspecteur des Finances fait tourner la direction financière. Sa carrière est exceptionnelle : ancien de l'une des toutes premières promotions de l'ENA (Union française, 1947), il choisit d'aller servir au Maroc comme contrôleur civil. Après la marocanisation, en 1957, il intègre l'inspection des Finances. En bras de chemise, ce qui est fortement inconvenant à l'époque, toujours pressé, perdu dans ses pensées – qu'un tic machinal paraît raviver quand il se passe la main sur son crâne désespérément chauve –, il parcourt le sixième étage de Morland à grandes enjambées, d'un pas vif et décidé. Unanimement craint par la hiérarchie pusillanime et versatile qui tient encore – plus pour très longtemps – l'appareil de la Préfecture, galvanisant les énergies défaillantes partout où il passe, véritable meneur d'hommes, l'époque le trouvera sur son chemin.

En ce mois de mai finissant, les virements sont

suspendus. L'informatique ne répond plus. Le comptable qui paie est lui-même paralysé. La direction financière s'acquitte en liquide. Les formalités sont réduites au strict minimum : les versements sont effectués en espèces, de la main à la main. De vieilles tractions avant convoient les fonds qui viennent de la Banque de France. Fenêtres grandes ouvertes, car il fait très chaud. Sur les marchepieds des voitures qui foncent à tombeau ouvert à travers Paris, des gardiens de la paix, mitraillette au poing... La désorganisation est telle qu'un coup de main du « milieu » est toujours à craindre.

Comme quelques-uns, Paul Reverdy assure la continuité des pouvoirs publics. A son image, des anonymes, à tous les niveaux de l'administration, font face sans baisser les bras. Il sera fait chevalier de la Légion d'honneur et sera directeur du cabinet de Christian de La Malène, ministre de la Recherche, dans l'éphémère gouvernement Pompidou qui se constituera après la grande manifestation gaulliste du 30 mai 1968, sur les Champs-Elysées. Au bout d'à peine un mois, il regagnera Morland pour prendre la tête de la direction financière.

Pendant les événements, mon sous-directeur, s'est réfugié dans sa maison de campagne, en grande banlieue. Prétextant l'isolement et l'absence de carburant, il me téléphone régulièrement. Ecœuré, je finis par ne plus prendre la communication.

Second clin d'œil du destin : Camille Cabana. Je

l'ai aperçu à Grenoble quand la promotion s'est rendue en stage de neige à Chamrousse. Il arrive à la Préfecture dans les malles du préfet Maurice Doublet, premier préfet de Paris avant de devenir préfet de la région parisienne à la suite de la réorganisation consécutive à l'entrée en vigueur de la loi de 1967, sur laquelle je reviendrai. Cabana est du même roc que Reverdy. Le préfet Doublet n'est pas non plus n'importe qui.

La chance de Maurice Doublet tient à un coup d'éclat qui en dit long sur le verrouillage de l'administration française. Préfet de Grenoble, il est chargé d'organiser les Jeux olympiques de 1967. Très vite, il se heurte à l'irresponsabilité des organismes d'Etat dont tout dépend et dont il doit assurer la coordination sur le terrain. Comprenant qu'il ne peut les contraindre, que la partie est trop inégale, il choisit délibérément de disparaître de l'avant-scène. Quarante-huit heures durant, le préfet de l'Isère n'y est plus pour personne. Ses collaborateurs ignorent où il se trouve. L'Intérieur est aux cent coups : un préfet en exercice qui, en temps ordinaire, doit informer le ministre du moindre de ses déplacements, n'est plus joignable... Les ministères s'affolent. L'information filtre dans la presse : le préfet de l'Isère a disparu ! Les médias s'en emparent. Le général de Gaulle l'apprend. Convoqué à Paris directement chez le chef de l'Etat, ce diable de tout petit bonhomme, incongru, volubile, à l'écriture indéchiffrable, séduisant, mais totalement inconnu du grand public à l'époque, explique tranquillement au

Général qu'il n'est pas en mesure d'organiser les Jeux dans les délais prescrits, en raison de l'obstruction des administrations centrales. Il aura désormais carte blanche, rendant compte directement à l'Elysée. Son destin s'accomplit, ainsi que celui de ses deux plus proches collaborateurs à la préfecture de l'Isère : Camille Cabana et Joël Thoraval.

Peu après sa prise de fonction, M. Cabana me convoque individuellement, à l'instar de tous mes camarades de la Préfecture. Il m'invite à lui dresser un tableau sans fard de mes quelques premières années de carrière. La description est édifiante, sans concession. Sa stupeur n'est pas feinte quand je lui raconte 1968 « de l'intérieur », les allers et retours quotidiens à pied, les petites et grandes lâchetés, etc. Il prend des notes. La réaction ne tarde pas : en plein été, sans même avoir été convoqués, quelques directeurs sont remerciés, une dizaine de sous-directeurs priés de rester chez eux. Pour ma part, quelques semaines plus tard, je suis muté – ainsi que j'en ai exprimé le vœu – à la direction financière où je rejoins Paul Reverdy – qui m'a repéré – et mon collègue et ami Paul Barnaud. Je vais y passer cinq ans (jusqu'en 1974), cinq années de complet bonheur professionnel.

Je reviens sur la réorganisation administrative. Bien avant le bouleversement de 1968, Paul Delouvrier, ancien délégué général en Algérie, a été chargé de réfléchir sur l'avenir à long terme de l'urbanisme de la région-capitale. Sorte de superpréfet, sans cesse par monts et par vaux à bord d'une grosse décapotable américaine, il a très vite compris qu'il fallait commencer par remodeler le monstre afin de lui donner visage humain, en le découpant en morceaux maîtrisables. La loi de 1967 officialise le démembrement de l'ex-département de la Seine en six départements de plein exercice (Paris, Yvelines, Val-de-Marne, Essonne, Seine-Saint-Denis, Hauts-de-Seine), coiffés par une préfecture de Région dont Paul Delouvrier devient tout naturellement le premier responsable.

La Région, à la structure plus légère, hérite de toutes les tâches de programmation et de réflexion. Les nouveaux départements conservent la gestion courante. Ils doivent être créés de toutes pièces. Ils le sont au terme de savants découpages politiques et administratifs non dénués d'arrière-pensées. Dans les Hauts-de-Seine, deux hommes qui croiseront plus tard ma route, Maurice Jouet et Robert Pandraud, vont s'y employer. A Paris, les choses sont d'une certaine manière plus simples : la plupart des bâtiments administratifs, l'Hôtel de Ville compris, sont dévolus tout naturellement à la Préfecture de Paris, seule collectivité locale française à être à la fois une ville et un département. Maurice Doublet est désigné par le gouvernement en qualité de premier préfet de Paris.

Paul Reverdy consacre tous ses efforts au montage du budget d'investissement. En effet, il serait illusoire de prôner une politique de renouveau à Paris si les moyens dont nous disposons ne sont pas à la hauteur des ambitions exprimées. Il convainc le préfet Maurice Doublet et le rapporteur général du Budget, Christian de La Malène, de la justesse de son analyse. La Ville de Paris n'a rien investi depuis la guerre : tous les équipements de base sont à renouveler ou à moderniser, des besoins nouveaux apparaissent (crèches, espaces verts, etc.). La Ville doit donc faire face à toute une série d'urgences concommitantes : une stricte procédure de sélection des projets s'impose avec l'établissement d'une rigoureuse hiérarchie des priorités. Cet instrument, c'est le budget d'investissement.

Il faut comprendre que tout est à faire. Hormis le périphérique, il n'existe à Paris aucune expérience réelle d'une politique continue de grands travaux. Les choses seraient simples si seulement quelques projets bien définis étaient à exécuter. Or la Ville est confrontée à un flux permanent d'investissements à réaliser à échéance d'une trentaine d'années. Il y faut des outils.

Le premier est l'outil financier. Paul Reverdy engage des négociations serrées avec le ministère des Finances qui exerce jusque-là une tutelle tatillonne sur la Ville. L'objectif est de desserrer le carcan, de dégager des marges de liberté. Cette négociation est ouvertement politique, même si elle est conduite par des fonctionnaires d'autorité issus eux-mêmes des grands corps de l'Etat. La direction du Budget du ministère des Finances se méfie de la capitale pour des raisons d'ailleurs légitimes : l'opacité des méthodes antérieures de gestion, l'absence de vision novatrice, l'ampleur des risques de tous ordres associés à la gestion d'une si vaste agglomération. Ce n'est d'ailleurs pas le fait du hasard si la loi de municipalisation de 1976 se révélera un enjeu de pouvoir pour Rivoli, peu désireux de voir se constituer une baronnie parisienne avec l'élection d'un maire.

Trois innovations essentielles, obtenues de haute lutte grâce à Paul Reverdy, seront génératrices d'une marge de liberté nouvelle et déterminante :

• désormais, les projets seront financés grâce au mécanisme des autorisations de programme et des crédits de paiement ; c'est la première fois que l'Etat en accepte le principe pour le budget d'investissement d'une collectivité territoriale ;

• les programmes annuels seront définitivement globalisés au lieu d'être individualisés ;

• l'effort d'investissement annuel sera autofinancé à hauteur du quart des besoins de financement annuels.

Ces trois principes sont fondamentaux. L'autorisation de programme est une ouverture globale de crédit pluriannuelle, une autorisation de dépense finançant l'intégralité d'une opération ou d'un ensemble d'opérations dont les moyens de paiement – les crédits de paiement – ne sont ouverts annuellement que dans la limite des dépenses à effectuer. Le crédit est inscrit une fois pour toutes. Les crédits de paiement correspondent aux règlements effectifs qu'il faut honorer année par année pour payer l'opération.

La seconde règle met un terme aux financements dédiés opération par opération. Auparavant, il fallait recueillir l'accord des autorités de tutelle projet par projet. Cela impliquait l'accord préalable du ministère qui subventionnait, et celui de la Caisse des Dépôts qui prêtait. En découlait une effroyable bureaucratie, génératrice d'une cascade de délais et de retards. Désormais, les autorisations de programme seront globalisées. La tutelle autorise un volume annuel des chapitres de programme sans entrer dans le détail des opérations.

Enfin, la règle est posée de manière claire que l'autofinancement – c'est-à-dire la couverture des besoins de financement du programme annuel par des ressources propres autres que le recours à l'emprunt – représente le quart du financement recherché. En outre, les besoins annuels d'emprunt sont couverts par un emprunt annuel d'équilibre.

Les moyens de financement des investissements sont eux-mêmes globalisés pour la première fois. D'un côté, l'Etat accepte que les besoins de financement de la Ville soient couverts par un emprunt annuel d'équilibre au lieu de l'ancienne pratique des fractions d'emprunt contractées opération par opération. De l'autre, l'Etat autorise la Ville, généralement tous les deux ans, à lever sur le marché, au travers d'une syndication bancaire, les quotités d'emprunt dont sa trésorerie souhaite la mobilisation.

Seconde réforme capitale : celle de l'outil d'investissement.

La règle est posée une fois pour toutes que les projets ne seront désormais effectivement financés que pour autant qu'ils seront techniquement prêts à être exécutés. S'ils ne le sont pas, on privilégiera l'opération techniquement prête, en général au stade de l'avant-projet détaillé. C'est la fin des « prises en considération » : l'une des plaies du budget municipal consiste en effet à inscrire des crédits en pure perte, le projet n'étant pas suffisamment mûr pour être mis rapidement à exécution. C'était un jeu des élus – et l'un des signes visibles de leur faiblesse – que d'obtenir à toute force ces inscriptions budgétaires purement virtuelles qui, à l'expérience, ne correspondaient à aucune réalité technique concrète. En fin d'exercice, l'annulation des crédits s'imposait, l'opération n'ayant pas reçu le moindre commencement d'exécution.

Voilà qui signifie – et c'est le plus difficile – la mise sur pied d'une direction d'investissement hautement compétitive, en l'espèce la direction de l'Architecture. Il faut en effet « consommer » les crédits mis à disposition. Il convient donc de disposer quelque part d'un outil technique qui puisse absorber la charge de travail. La cheville ouvrière repose sur les épaules de mon collègue Jean-Pierre Quéré et de ses collaborateurs. C'est l'époque où entrent en vigueur les nouvelles règles de l'ingénierie des projets. C'est un travail de compte à rebours : comme sur une chaîne de production, il faut s'assurer à tous les stades que le projet d'une école est fin prêt à être lancé (autorisations administratives données, avant-projet technique détaillé élaboré) pour inscrire les crédits au budget au tout dernier moment. Pratiquement, cet extraordinaire effort sera parfaitement au point le jour où nous serons en mesure de lancer les appels d'offres par corps d'état, dans le moment même où l'inscription budgétaire sera intervenue.

Ce mécanisme, je dois le dire, sera tout à fait rodé vers 1974, quand je partirai en « mobilité » pour le Trésor. A ce moment-là, les conférences budgétaires avec les services, au cours desquelles les projets sont examinés au détail près, se terminent par des approximations d'exécution quasi conformes à la réalité observée sur le terrain. Alors qu'auparavant il pouvait s'écouler des années avant qu'un projet pourtant budgétisé voie le jour, les engagements du calendrier d'exécution sont tenus. Disparaissent du budget d'investissement les lignes de report ou d'annulation d'opérations qui, faute de réalisation, encombraient inutilement les chapitres de programme. La direction financière devient un extraordinaire porte-avions d'où s'envolent, dans une mécanique huilée au détail près, des projets parfaitement en passe d'être traduits dans la réalité.

Les conséquences sont capitales. D'une part, les élus peuvent s'engager ferme vis-à-vis des électeurs, sans risque de désaveu. D'autre part, les entreprises connaissent parfaitement nos plans de charge et savent que l'inscription budgétaire d'une opération équivaut à une contrainte absolue de résultat. Je me souviens ainsi qu'en 1980, l'un de nos CES, dans le XIIIe arrondissement de Paris, sera exécuté en moins d'un an.

Après 1977, ces dispositions s'étendront progressivement aux autres grandes collectivités françaises, Paris capitale n'ayant fait là que préfigurer, comme souvent, une évolution à caractère national.

J'apprends alors à mes dépens le dur métier de négrier : le bureau du Budget de l'époque correspond à sept bureaux d'aujourd'hui !... Là où nous étions une dizaine de cadres, ils sont maintenant une cinquantaine. Autant dire qu'il fallait payer de sa personne et mettre la main à la pâte ! Nous manquions cruellement de matière grise.

Un jour, se présente à mon bureau un commissaire répartiteur. Ce corps est une curiosité municipale parisienne. Recrutés au niveau de la catégorie A, ils sont employés par le bureau de la fiscalité pour réviser et tenir à jour les bases de la fiscalité locale parisienne. Au nombre d'une vingtaine, ces agents étaient loin d'être occupés à plein temps. Ce que je ne pouvais pas deviner, c'est à quel point certains d'entre eux étaient fatigués de cette sinécure... Jean Pistiaux, aujourd'hui directeur général à la Mairie, m'expose tout de go qu'il en a assez de se lever tous les jours à onze heures, qu'il est las d'être inoccupé. C'est une offre de services en bonne et due forme. Je fonce séance tenante dans le bureau de Paul Reverdy. Je lui explique que nos problèmes de matière grise sont résolus. Pistiaux, introduit dans le bureau du directeur, confirme qu'il n'est que l'élément avancé envoyé en éclaireur par d'autres jeunes commissaires répartiteurs qui, comme lui, sont las de ne rien faire. Le marché est vite conclu : je suis chargé d'accueillir les volontaires au bureau du Budget. La direction du personnel mettra un certain temps à s'apercevoir que nous avons résolu par nous-mêmes nos problèmes de recrutement. Dans la savante dialectique qui l'oppose à nos demandes de renforcement, nous nous gardons bien de vendre la mèche. Ce qui compte, c'est que nous avons maintenant sous la main une matière grise dont il nous appartient d'assurer la formation à notre guise.

Je reçois un jour, ainsi que mes deux camarades Paul Barnaud et Etienne Louis, les félicitations de la CGT, car, de notre propre initiative, sur le temps de service, la direction du personnel étant défaillante à l'organiser, nous avons élaboré un cycle de formation « sauvage » au concours interne de secrétaire administratif (catégorie B). Et nous avons ouvert ce cycle de formation générale à tous les postulants, même en provenance d'autres directions !

Ainsi se forme une bande d'amis plus que de collègues au sens habituel du terme. Paul Reverdy est tout le contraire d'un formaliste. Pour lui, seul le résultat compte. L'une des premières mesures qu'il ait prises, une fois devenu directeur, est de changer la signature. Son prédécesseur signait : « L'inspecteur général des Finances, directeur des Finances et des Affaires économiques. » Il raie toute la première partie du titre en commentant : « Ce sera toujours cela de gagné pour les dactylos !... » Son bureau est accessible en permanence. Il délègue complètement : il nous arrive couramment de représenter la direction dans des réunions sommitales auxquelles lui-même s'abstient de prendre part et dont nous lui rendons fidèlement compte. Les réunions budgétaires que nous tenons en son nom avec les directeurs permettent aussi d'afficher notre autorité tout en évitant de faire remonter à son niveau ou à celui du secrétaire général les affaires donnant lieu à arbitrage.

Un jour, nous faisons abattre, côté Arsenal, une cloison pour dégager un grand bureau commun. C'est déjà une révolution, pour l'époque, que d'abattre des cloisons ! Je me souviens qu'en 1966, à mon arrivée à la Ville, pour me faire prendre conscience de mon (notre) importance, mon chef de bureau avait tenu à me rappeler que mon grade m'allouait deux cellules, c'est-à-dire *deux fenêtres*... Il est vrai qu'à l'époque, l'entrée d'un bureau, quel qu'il fût, à Morland, était embarrassée par l'inévitable paravent disposé en chicane obligatoire... véritable révélateur, bien plus qu'un long discours, de l'état d'esprit des bureaux ! Reverdy me raconta un jour que la suppression de ces paravents avait été le plus difficile de ses combats à Morland... Imaginez en plus : faire travailler dans la même pièce trois ou quatre agents de catégorie A, avec de surcroît le chef du bureau !

Peu de temps après, profitant des dimensions du nouveau local, à la stupeur générale, nous y introduisons une table de ping-pong. Le soir venu, nous y disputons des tournois acharnés qui favorisent la détente (le métier budgétaire est particulièrement stressant). De temps à autre, la balle, surtout en été, passe par la fenêtre et atterrit sur le parvis de

Morland, à la surprise outrée des passants. Vous pensez : ces fainéants de ronds-de-cuir...

Le résultat de tout cela est la mise en marche d'une formidable usine à investissements. Celle-ci produira ses effets massifs de 1971 à 1983. Je suis de ceux qui pensent, arguments à l'appui, que le succès de Jacques Chirac et le premier « grand chelem » de 1983 sont sortis tout armés de cet extraordinaire effort de rationalisation budgétaire. Pas seulement ni exclusivement, sans doute. Mais c'est cette impulsion donnée à l'avancement des projets qui a permis de faire lever de terre des réalisations qui, sans cela, n'auraient certainement jamais vu le jour. Il faut d'ailleurs rendre grâce à Christian de La Malène d'avoir soutenu et amplifié cet effort en sa qualité de rapporteur général du Budget. En 1977, Jacques Chirac est arrivé au bon moment pour rafler la mise, ramasser le bénéfice politique d'une armature qu'il a trouvée sur son chemin et dont, à son habitude, il s'est approprié le mérite.

De 1971 à 1977 se met en place l'instrument de son succès. Le but ici n'est pas d'assener des chiffres qui n'ont guère d'intérêt en soi. Mais de rappeler ce cadencement des investissements, appuyé sur un régime de financement sain, assorti d'une croissance modérée de la fiscalité, qui, conjugués, expliquent à n'en pas douter le succès de la même majorité pendant plus de trente ans.

En 1975-1976, le budget parisien s'élève à environ 5 milliards de francs (fonctionnement et investissement confondus). La trésorerie moyenne journalière oscille entre 100 et 150 millions de francs. Les crédits sont répartis par le bureau du Budget entre huit directions de moyens (par ordre d'importance : voirie, urbanisme, action sanitaire et sociale, enseignement, domaine, services industriels et commerciaux, beaux-arts, jeunesse et sports, personnel). Ce budget sera multiplié par six en dix ans, ce qui est évidemment considérable, sutout si l'on raisonne en francs constants, l'inflation n'étant maîtrisée qu'à partir de 1983-1985.

En fait, le rythme des investissements annuels de la Ville de Paris est très vite passé à un régime de croisière des crédits de paiement – c'est-à-dire des sommes effectivement décaissées en contrepartie d'équipements réalisés – de l'ordre du milliard de francs... A ma connaissance, aucune autre collectivité en France n'a été capable de produire, en un aussi court laps de temps, un instrument aussi performant. Cette inflexion s'est poursuivie jusqu'en 1990, avec un taux d'endettement par habitant extrêmement modéré, et une modération corrélative de la progression de la pression fiscale, plaçant la collectivité parisienne parmi les organismes publics les mieux gérés du pays.

Pour prendre le secteur scolaire que je connais le mieux, un rythme de construction annuel de 50 à 100 classes élémentaires par an était atteint dès 1977, et la Ville disposait de la capacité technique et financière de mettre en service un collège d'enseignement secondaire tous les deux ans. En 1977, la Ville s'attaquait à la résorption des listes d'attente en maternelle, tout en réduisant de 42 élèves par classe en 1973-1974 à 34 l'accueil dans l'enseignement pré-élémentaire.

En 1974, le bureau du Budget parvient à porter l'autofinancement de la Ville de 200 à 250 millions de francs. Pour le profane, cela n'a pas grand sens. En termes financiers, cela signifie en fait des ressources prélevées sur le train de vie ordinaire des services, et autant de moins à emprunter. Cette somme est en quelque sorte la valeur ajoutée, au terme des négociations budgétaires, par la direction financière. Pour nous remercier – car c'était un pari –, Paul Reverdy nous a invités, deux de mes collaborateurs et moi-même, à la Tour d'Argent. Nous avons passé une soirée de rêve dans ce haut lieu de la gastronomie parisienne ; le propriétaire, Claude Terrail, s'étant enquis de notre qualité, non seulement nous fit visiter sa cave, mais nous apprit que son restaurant finançait les illuminations nocturnes de Notre-Dame.

***

En 1974, soucieux d'assurer la poursuite de ma carrière, Paul Reverdy prend contact avec le ministère des Finances pour m'y envoyer effectuer ma « mobilité ».

La mobilité est une obligation statutaire dans le corps des administrateurs civils : quiconque prétend devenir sous-directeur doit avoir rempli d'autres fonctions pendant au moins deux ans hors de son corps d'origine. C'est une obligation à laquelle il faut avoir formellement satisfait pour prétendre occuper par la suite un emploi de direction. Le but est de s'assurer que les candidats aux fonctions d'encadrement les plus élevées ont acquis un bagage composite. Surtout, qu'ils ont montré leur capacité à s'adapter à une deuxième carrière, inopinée celle-là, et qu'ils y ont fait la démonstration de leur aptitude à exercer des responsabilités de haut niveau. C'est en quelque sorte un second système de sélection.

C'est ainsi qu'en 1976, à trente-six ans, de retour de « mobilité », je serai effectivement nommé sous-directeur.

Quoi qu'il en soit, cette pratique de la mobilité, une bonne chose en soi, est souvent dévoyée. Les membres des grands corps n'y sont pas soumis, ce qui constitue une première anomalie. Ils accèdent directement aux emplois de direction sans aucune condition préalable, un peu à l'image de ces colonels de quinze ans paradant à la tête des régiments d'Ancien Régime... Les carriéristes, de leur côté, n'ont de cesse, deux ans à peine après leur première affectation, de pouvoir satisfaire à la sacro-sainte obligation et d'obtenir une nomination immédiate comme sous-directeur à leur retour dans leur corps d'origine, quelquefois au bout d'à peine quatre ans de service. Pour ma part, je ne partage pas ce souci : j'en suis à ma huitième année d'activité dans deux postes différents quand survient ce choix d'opportunité.

S'agissant d'une obligation, pour s'en prévaloir, il faut que son accomplissement ait été sanctionné. La reconnaissance officielle de ces deux ans fatidiques, tel un sésame, fait l'objet d'une procédure d'un byzantinisme sans nom. Celle-ci fait les délices – et l'autojustification – des fonctionnaires de la direction générale de la Fonction publique. A titre d'exemple, Camille Cabana se heurta à des difficultés insoupçonnées pour obtenir la validation de sa propre « mobilité » qu'il ne s'était pas préoccupé de faire avaliser en temps voulu. Toutes proportions gardées, la comparaison s'impose avec les bureaucrates de haut rang des troupes aéroportées pendant la guerre d'Indochine : de leur bureau, à Hanoi ou à Paris, avec une belle obstination, ils s'ingéniaient à refuser l'octroi du brevet de parachutiste à tous les volontaires du saut de nuit pendant la bataille de Diên Biên Phu, au motif que les six sauts réglementaires à 1 500 mètres, de jour et par temps calme (au lieu de 400, de nuit et sous le feu ennemi...), n'avaient pas été respectés ! Il est vrai que les morts ne revenaient pas réclamer leur brevet...

Le Trésor est divisé en deux services : le Trésor interne et le Trésor externe. Je suis pressenti pour occuper un poste au Trésor interne, au sein du bureau qui s'occupe du financement des entreprises publiques. Au jour dit, je me présente au chef de service chargé des affectations du personnel, qui m'accueille. Je remarque tout de suite son embarras. Après force circonlocutions, très embêté, il m'expose que le poste auquel j'étais promis n'est plus disponible. Il me propose de m'affecter plutôt au bureau du financement du Logement. A sa grande surprise, j'acquiesce de tout cœur. Mon étonnement est non moins grand que le sien. Je découvre l'« Etat contractuel », l'une des plaies qui minent de l'intérieur le système français de fonction publique. Au lieu d'affecter les personnels au gré des besoins stratégiques de l'organisation, les agents, encouragés et soutenus en sous-main par les syndicats de cadres, prennent l'habitude de discuter l'opportunité des postes à pourvoir. Tout se négocie ; l'intérêt général s'efface devant le souci de carrière. L'un de mes amis, conseiller d'Etat, me rapportait voici quelque temps que de jeunes auditeurs arrivant de l'ENA s'étaient permis de refuser les dossiers dont ils étaient chargés, pour la seule raison qu'un tel travail leur paraissait indigne d'eux et de leur rang de classement...

Au ministère de l'Intérieur – ministère d'autorité –, j'avais été accoutumé à une vision plus saine des réalités. A l'époque, les demandes d'affectation étaient établies sur proposition de l'autorité hiérarchique dans le souci exclusif du service et sans référence aucune à l'expression de la volonté ou du vœu de l'impétrant. C'était à prendre ou à laisser. On va où l'on vous dit d'aller, un point c'est tout, et ce n'est pas plus mal ! Au Trésor, je ne manque pas d'aller de surprise en surprise. Pas toutes, d'ailleurs, dans le sens que j'attendais. Et pas forcément toutes mauvaises, tant s'en faut.

Les bonnes surprises, tout d'abord : l'ambiance de travail et les responsabilités. L'administration financière est d'une rare qualité. L'austérité des bureaux de Rivoli, l'apparent manque de moyens, cultivé comme à plaisir, le caractère volontiers mystérieux du système aux yeux du profane, tout cela relève de la poudre aux yeux. De la mystification malicieuse, bonne pour la galerie. Ces pseudo-inconvénients sont largement compensés par l'extraordinaire intérêt du travail – et la liberté d'esprit corrélative. Jamais, dans le restant de ma carrière, je n'exercerai de si larges responsabilités au sein d'un aussi petit groupe d'hommes d'une aussi irréprochable qualité.

J'ajoute, ce qui ne gâche rien, que je manque tomber de mon haut le jour où je touche pour la première fois mes primes trimestrielles. Celles-ci peuvent, on le sait, représenter jusqu'à la moitié du traitement officiel, si ce n'est plus. Le niveau des primes est d'ailleurs, aux Finances, secret d'Etat. Je m'attendais à un virement ; une partie m'est remise en billets de banque, de la main à la main, dans une enveloppe, contre décharge, par le chef de bureau. Cette « défiscalisation » des primes s'explique, d'après certains, par la nécessité d'assurer la confidentialité. D'après d'autres, plus prosaïquement, par le souci d'éviter des questions indiscrètes à la maison...

Le climat de confiance est la règle. Si tout est fait pour donner à voir à l'extérieur une image convenue, le maximum est fait pour mettre les nouvelles recrues à l'aise. L'admission au sein du cénacle privilégié vaut brevet de qualification et d'intégration. Les formalités d'engagement tiennent lieu de vérification d'aptitude préalable : à savoir la recommandation de Paul Reverdy, ma bonne mine, et la réception sans protocole du matin même.

A trente-quatre ans, au sein du bureau A-3 du « Trésor interne », je suis chargé du financement de toute la trésorerie des opérations d'aménagement. Je deviens le secrétaire d'un des comptes spéciaux du Trésor, le FNAFU (Fonds d'aménagement foncier et d'urbanisme). En réalité, le banquier de la politique foncière et d'urbanisme de l'Etat. D'un coup, je tiens en main l'emploi annuel de plusieurs milliards de francs et le contrôle de la trésorerie de quelques centaines d'opérations d'urbanisme en cours à travers la France.

La chose est assez simple à comprendre : les opérations d'aménagement nécessitent une maîtrise foncière préalable ; seul l'Etat, en qualité de prêteur, est apte à mobiliser les moyens de financement considérables qui correspondent aux acquisitions de terrains nécessaires pour satisfaire les besoins des aménageurs publics. Le rôle des SEM (sociétés d'économie mixte) d'aménagement consiste à équiper les terrains ainsi acquis et à les revendre aux organismes constructeurs, une fois aménagés, sous forme de charges foncières pour rembourser les prêts privilégiés du Trésor. La différence entre le prix d'acquisition et le prix de revente dégage une soulte qui couvre les frais généraux et les charges d'intérêt général (voirie de desserte, viabilité, assainissement, etc.).

Pour mieux comprendre, prenons un exemple concret : l'aménagement des terrains des anciennes usines Citroën en bord de Seine, à Paris, libérés à l'occasion du départ des installations automobiles pour Aulnay-sous-Bois. Tout le monde en voit aujourd'hui le résultat : le siège des télévisions publiques, l'hôpital Georges-Pompidou en façade du Front de Seine, le jardin public, etc. Pour en arriver là, et dédommager l'éloignement de Citroën, il aura fallu, dès le démarrage de l'opération, mobiliser plus de 300 millions de francs de ressources définitives. L'Etat et son bras armé, la Caisse des Dépôts et Consignations, ont apporté les concours financiers nécessaires sous forme de préfinancement du Trésor.

Comme dans une équipe de basket, je joue le rôle de pivot au sein du comité de gestion du FNAFU. Je distribue les allocations de crédit. Dans ce cercle restreint où siègent les opérationnels de l'équipement, je décortique les dossiers qui me sont soumis par les opérateurs fonciers. Les règles techniques sont assez simples : il s'agit de s'assurer de la sincérité des bilans financiers qui me sont présentés. C'est un travail de commissaire aux comptes spécialisé. Seule contrainte de taille : veiller à ce que l'argent public, ayant servi à un bon emploi d'intérêt général, soit bien remboursé au terme des opérations.

Le Trésor exerce son contrôle sur l'Equipement sous la tutelle de la direction du Budget. C'est donc l'indépendance du Trésor qui est en jeu : en aucun cas les prêts consentis ne peuvent être consolidés sous forme de subventions.

Je découvre petit à petit que je dispose d'un réel pouvoir politique. La gestion des opérations d'aménagement est en effet révélatrice des choix d'une collectivité. Les programmes sociaux, généralement coûteux, grèvent les bilans, entraînant des déficits importants qu'il faut rééquilibrer par des charges foncières rémunératrices, par exemple en autorisant des programmes de logement non aidé ou des bureaux en blanc.

Ce travail se déroule moyennant une intervention à peu près inexistante de la hiérarchie. Ce qui ne signifie pas indifférence, bien entendu. Les risques sont formidables, ainsi que le révélera la crise de l'immobilier dans les années 1990. Par contre, les services décentralisés du Trésor en province jouent un rôle déterminant dans l'instruction des dossiers.

Notre grande force réside dans notre affranchissement à peu près complet d'une tutelle tatillonne et paralysante de la hiérarchie. Nos interlocuteurs le savent. Le directeur du Trésor est alors Guy de La Rosière de Champfeu : en tout et pour tout, je le verrai deux à trois fois pendant les deux années que je passerai rue de Rivoli. Notre chef du service est Michel Camdessus, futur directeur général du Fonds monétaire international avec qui, par contre, les contacts sont fréquents et suivis. Le sous-directeur dont dépend le bureau A-3 s'appelle Bruno de Maulde. Notre patron direct est un inspecteur des Finances d'une quarantaine d'années ; son bureau est tapissé de marines. Alors qu'il représente la France auprès des institutions financières aux Etats-Unis (FMI et BIRD), il se construit sur place un bateau avec lequel il fera retour en France en traversant l'Atlantique en solitaire à une époque où l'exploit était rien moins que banal.

D'une grande aménité, toujours souriant, d'une prévenance exquise, l'homme est un bourreau de travail. Il est rare qu'il quitte son bureau avant vingt-deux heures. Autre atout précieux : c'est un fonctionnaire ; il n'a, dans son cursus, jamais fait partie d'un cabinet ministériel. Disponible sur un simple appel à son secrétariat, nous avons immédiatement accès à son bureau. En quelques secondes, par téléphone, s'adressant tantôt au directeur général de la Caisse des Dépôts, tantôt au gouverneur de la Banque de France, il règle les problèmes que nous n'avons pas les moyens de faire aboutir à notre niveau.

Au début, ma première note écrite me vaudra un petit exercice d'explication de texte. Bruno de Maulde m'explique les tics de langage de la maison. Il s'astreint à refaire la note devant moi, tout en me faisant comprendre que c'est la première et la dernière fois, dans une espèce de style amplement suranné, très Ancien Régime. Au Trésor on n'écrit pas : « solliciter des instructions du Ministre », mais « plaise au Ministre bien vouloir indiquer au bureau A-3 les instructions à recevoir »... Ce style très particulier, propre à la direction, en fait ricaner plus d'un. Les gens du Budget se gaussent de ceux du Trésor. La réciproque est d'ailleurs vraie, les « budgétaires » passant volontiers pour des esprits simples.

Il faut bien reconnaître que le Trésor affiche des singularités déconcertantes. A mon arrivée, la cravate club a disparu. Les déjeuners au « Cercle » (celui des directeurs, une cantine de luxe installée au sein de Rivoli) n'ont plus cours. Reste un côté très gentleman britannique. On ne se mélange pas. Régulièrement, une fois par mois, Michel Camdessus réunit les administrateurs civils du service : cette grand-messe permet de se tenir au courant de la politique financière générale de l'Etat. Elle est aussi l'occasion de faire plancher chaque bureau sur l'état de ses activités.

Lors d'une de ces toutes premières séances, Louis Gallois, du bureau des Caisses d'épargne, réputé socialisant et qui n'en fait pas mystère, suggère d'associer les attachés d'administration à ces réunions au demeurant fort instructives. Il s'attire la réponse sans appel d'un des chefs de bureau : « Vous trouvez que nous ne sommes pas assez nombreux comme ça ? » Louis Gallois, ENA et HEC, fait partie d'une obédience très restreinte : il est du petit nombre de ceux de sa promotion qui – en 1971, je crois –, à la sortie de l'ENA, ont refusé d'être affectés dans les grands corps, en dépit de leur rang de classement. Il a demandé à servir plutôt à la base comme administrateur civil.

Notre chef de bureau est imprévisible. Sujet à des foucades, ses sautes d'humeur, selon certains, seraient explicables par les séquelles d'un séjour en Algérie. Comme nous avons la tutelle sur le Logement, un jour, en réunion de bureau, il nous expose sérieusement qu'un secrétaire d'Etat au Logement ne vaut rien à l'aune d'un chef de bureau au Trésor. Je m'en serais gaussé s'il ne m'avait pris en grippe dès mon arrivée car, faute de goût gravissime à ses yeux, je n'appartenais pas au sérail. Il ne perdait aucune occasion de me faire sentir ma différence : pour tout dire, je n'étais à ses yeux qu'un produit rapporté. Je finis même par faire une démarche auprès de Michel Camdessus pour demander mon retour à la Ville après qu'il m'eut notifié une proposition de notation inacceptable.

De manière endémique, le Trésor affiche le peu de cas qu'il fait des questions écrites des parlementaires en n'y répondant jamais. Les bureaux font même compétition de questions laissées sans réponse. Un jour, Jean-Pierre Fourcade, le ministre, au contact des doléances de la représentation nationale, finit par s'en émouvoir. Il donne instruction à la direction de rattraper le retard. Descendent des fiches barrées en transversale de la fine écriture de M. de La Rosière : « Plaise au bureau A-3 bien vouloir répondre à la question de l'honorable parlementaire... » Or le bureau compte à l'effectif un jeune attaché, Michel Ottaway, que nous ne voyons presque jamais, car il fait de la politique. Voilà bien l'une des curiosités pour moi les plus marquantes de ce séjour de deux ans : voir ces hommes qui régentent la politique financière du pays répugner à régler un banal problème d'absentéisme qu'un acte d'autorité quelconque ferait immédiatement cesser.

Content de désigner un bouc émissaire, le chef de bureau confie à Ottaway le « bâton merdeux » : il lui remet la liste numérotée de quatre années de questions écrites restées en souffrance. Au sein du bureau, nous avons peine à réprimer un fou rire. Michel Ottaway, que je retrouverai par la suite en qualité de conseiller de Paris socialiste, serait bien en peine d'y déférer, puisqu'il ne connaît ni le service ni la pratique des affaires courantes, faute de les avoir suivies...

Fort heureusement pour lui, il n'aura nul besoin d'en apporter la démonstration. Quelque temps plus tard, comme par inadvertance, le sort du chef de bureau est scellé. Tout le personnel pousse un soupir de soulagement. C'est une des lois du genre, non écrite, mais bien réelle : à l'occasion d'un déjeuner avec le puissant patron de la Caisse des Dépôts, Maurice Pérouse, le directeur du Trésor, apprend une information capitale qu'il aurait dû être le premier à connaître par ses propres bureaux. La hiérarchie, cette fois, est priée de prendre ses responsabilités. Autre constante du genre : le Trésor ne désavoue jamais l'un des siens. Notre chef de bureau sera promu attaché financier. A nos yeux, une disgrâce. Mais, pour le tout-venant, la face est sauve.

Sans un mot de commentaire, le nouveau chef de bureau, me tend ma fiche de notation que j'avais refusé de signer et dont la note a été substantiellement relevée. Je la lui rends signée.

Bruno de Maulde rédige la note sur le financement du Plan. Il est le rapporteur de la commission du financement. Chaque bureau lui fournit ses éléments. Un beau matin, nous trouvons tous sur notre bureau son projet de rapport avec un petit mot nous demandant nos remarques. Suprême élégance : le sous-directeur, tout en poursuivant normalement ses activités, s'est payé le luxe de dicter son rapport à trois ou quatre secrétaires en même temps, puis il a mis le tout en forme pour en faire un bijou ciselé auquel nous n'avons évidemment rien à redire d'essentiel, tant la qualité du travail effectué se passe de commentaire.

Encore une des constantes du Trésor : une souveraine indifférence affectée à l'égard de l'intendance qui, comme chacun sait, doit « suivre ». Et, cependant, une indéniable efficacité. Mais cet effet de contraste est saisissant entre notre puissance et la misère affichée de nos moyens matériels. L'effet est délibérément recherché. Ainsi sommes-nous deux administrateurs civils dans le même bureau exigu, installés là avec une secrétaire et une table de conférence. L'un est chargé du Logement, l'autre de l'Aménagement. Autant dire qu'avec les téléphones qui n'arrêtent pas de sonner, le va-et-vient permanent, l'opacité des volutes de tabac dans ce bureau confiné, il paraît invraisemblable de pouvoir travailler...

Invariablement, sitôt arrivée, notre secrétaire commence par s'occuper de son courrier personnel. Puis elle part « en conférence », c'est-à-dire qu'elle s'absente pour rencontrer ses copines. Rien n'y fait : nous avons beau récriminer et tempêter, il faut sans cesse batailler pour obtenir le moindre document dactylographié. Je finirai par m'en accommoder, philosophiquement, en emportant chez moi le courrier urgent que je taperai moi-même le soir, hors du bureau.

Par contre, nous disposons d'un bureau d'« engineering » à faire pâlir d'envie le privé. Composé de trois ou quatre polytechniciens et dirigé par un ingénieur du Génie maritime, Yves Carsalade, il fournit sur commande des études ou des notes de calcul ultrapointues sur les échafaudages d'hypothèses complexes que nous lui fournissons. La réglementation du logement est d'une telle technicité financière qu'elle exige des actuaires du meilleur niveau. Bien entendu, ce bureau de l'ombre n'apparaît jamais en pleine lumière, ce qui est parfois frustrant pour ses membres. Mais il permet à la technocratie ambiante d'afficher une assurance inoxydable dès qu'il est question de chiffres.

La grande force du service est la qualité de l'encadrement moyen. J'apprends à découvrir la fine fleur des inspecteurs ou des attachés du Trésor. Ainsi Jacques Deverrières, grand spécialiste de l'épargne-logement. Son bureau est situé à l'entresol. Inutile d'essayer de le joindre au téléphone. En effet, les banques monopolisent la ligne : tous les problèmes d'interprétation un peu pointus de la législation lui sont soumis. Aussi descendons-nous – chef de bureau inclus – le voir quand nous avons une question à lui soumettre.

L'autre curiosité, c'est Latinus, l'attaché principal chargé du Logement social. Il partira à la retraite pendant ma « mobilité ». C'est une bible, un dinosaure : il sait tout et tient tous les comptes. Déporté à Buchenwald, car communiste, c'est un stalinien pur sucre, mais un homme avec lequel les conversations ne sont jamais anodines. Ouvrier d'origine, il aime à raconter comment il a travaillé des années durant à monter des pylônes dans le froid et le vent, les mains à moitié gelées. Le regret de sa vie aura été d'avoir raté Max Jacob que les nazis de la direction du camp envoyèrent mourir à Dora, l'usine souterraine chargée de fabriquer les V2 (et d'où nul ne revenait). Blâmé par la hiérarchie communiste qui contrôlait le camp, Latinus déclara pour sa défense, non sans amertume : « Je ne savais pas que c'était un poète... »

Un jour, je me hasardai à demander à Michel Camdessus comment la hiérarchie du ministère pouvait ainsi s'accommoder qu'un communiste tînt en main tous les leviers du financement du logement social. Je revois encore le regard amusé du chef de service par-dessus ses lunettes cerclées : « Au contraire ! Comme cela, ceux d'en face sont au courant de ce que nous faisons... »

La situation au Trésor est d'ailleurs plutôt amusante. Son éclectisme laisse augurer de la suite des événements. Bon nombre de responsables sont engagés politiquement. Le soir, dans les dîners parisiens ou des officines occultes, ils défont ce qu'ils ont fait dans la journée. La hiérarchie, au courant, laisse faire. Ainsi se prépare l'alternance. Les équipes du changement ont été nourries dans le sérail, prêtes à assurer la relève en 1981.

Il faut aussi reconnaître que notre travail n'est pas neutre. Qu'il y a parfois de quoi être décontenancé, voire franchement écœuré. Par exemple, dès mon arrivée, je suis chargé de classer puis de mettre aux oubliettes le courrier de la campagne présidentielle de 1974. Chacun se souvient que le candidat vainqueur ne s'est pas démis de ses fonctions de ministre des Finances au cours de cette campagne. La logistique du ministère a été mise à contribution par le futur élu. Je découvre alors des milliers de lettres, souvent pathétiques, jamais indifférentes. Des familles entières s'engagent à voter pour le candidat s'il arrange leur problème de logement. Invariablement, jusqu'au vertige, sur le papier à en-tête du ministre, revient en réponse la même formule : « J'ai pris bonne note de votre demande... Je ne manquerai pas de transmettre votre requête pour qu'il y soit donné suite. » Des correspondances à tout jamais sans objet. Mon collègue de bureau m'explique que plusieurs membres du cabinet imitaient parfaitement la signature du ministre. On n'avait pas encore mis au point ce que je découvrirai par la suite à la Ville : la machine à signer dont les procédés de photocomposition et de gravure en couleurs permettent de rendre pratiquement indifférenciable le faux du vrai.

Je n'en avais pas le temps. Surtout, j'avais reçu l'ordre contraire. Il eût pourtant valu la peine d'analyser ce courrier, formidable mine de renseignements sur la détresse des mal-logés. Voire d'en faire un livre : une radioscopie en vraie grandeur d'une société où l'un des besoins fondamentaux – se loger – était si pathétiquement négligé. Il y a des réalités avec lesquelles, à mon sens, le cynisme ne peut se commettre sans affront pour l'homme.

Autant nos relations sont ténues avec la hiérarchie, autant nous sommes en prise directe avec le cabinet. En particulier, je vois fréquemment Charles Wiener de Croisset, jeune inspecteur des Finances qui assure la tutelle du ministre sur la direction du Trésor. Le personnage a de quoi surprendre. Pas formaliste pour un sou, son bureau est presque toujours accessible sans préavis. En bras de chemise, presque débraillé, n'étaient le luxe et l'apprêt de ses vêtements. Plusieurs téléphones en main. Une sorte d'homme-orchestre, napoléonien, toujours en mouvement, discourant avec vous tout en dictant un rapport à plusieurs secrétaires en même temps... Sans familiarité, toujours disert et attentif, le visage juvénile, sans aucun des stigmates d'une activité pourtant frénétique... D'origine américaine par sa mère, il est fréquemment interrompu par des sabirs en anglais avec des correspondants indistincts et qu'on imagine lointains, parés d'une ombre de mystère... Je le rencontre surtout à deux titres :

D'une part, il connaît parfaitement les problèmes des villes nouvelles de la région parisienne, l'un des plus gros engagements du Trésor à l'époque. Je siège en effet ès qualités de représentant de la direction dans les conseils d'administration des établissements publics chargés de piloter la mise en œuvre de ce nouvel urbanisme ; ainsi qu'au sein du Groupe central des villes nouvelles, structure technocratique en diable, dirigée à l'époque par un autre brillant inspecteur des Finances, Jean-Eudes Roullier.

D'autre part, Jean-Pierre Fourcade côtoie au

Parlement les élus dont la trésorerie des opérations d'aménagement repose entre mes mains. Un jour, sans préavis, je vois ainsi débarquer dans mon bureau Jean Royer, maire de Tours. Il a eu vent par le ministère de l'Equipement que je m'apprêtais à refuser au nom du FNAFU un prêt de 45 millions de francs demandé par l'une des sociétés d'aménagement de la ville de Tours pour la consolidation des berges du Cher. Toute la matinée, ce diable d'homme plaide le dossier avec une conviction et un acharnement qui forcent l'admiration. Je comprends qu'il joue sa réélection sur ce dossier. J'agis dans la position d'un juge d'instruction ; nous finissons par convenir d'un plan de rééchelonnement de l'emprunt et d'un certain nombre de mesures de consolidation. Pour finir, il me propose de me retenir à déjeuner : je décline courtoisement. Dans la soirée, je rends compte verbalement à Charles de Croisset, lui laissant par écrit le double d'une courte note pour le ministre, par laquelle, *via* la hiérarchie, j'expose les termes de l'accord proposé. L'absence de réponse valant acquiescement, je fais mon affaire de la « mise en musique ». C'était la grande force des Finances que nous fussions ainsi capables d'engager le ministère sans craindre le désaveu.

Pour être tout à fait honnête, je ne saurais rendre suffisamment hommage aux services des trésoreries générales de province. L'aberration est qu'un compte spécial du Trésor soit l'objet d'une gestion entièrement centralisée. Mais les yeux du Trésor sur place sont les trésoriers généraux ou les préfets.

Un simple appel d'un jeune administrateur civil du Trésor tient lieu de sésame pour obtenir en direct ces personnages éminents. Et le retour des informations est à la mesure de la rareté de nos appels. Nous n'intervenons qu'à coup sûr. C'est d'ailleurs la conjugaison des services extérieurs et de l'Administration centrale qui rend si forte l'administration du Trésor. Mais aussi parfois si vulnérable face à la puissance des politiques...

« Rompez, vous n'avez rien vu. Vous n'êtes au courant de rien. La récréation est terminée ! » Accompagné de Jean-François Chevrolle, d'Emmanuel Hau et de Louis Gallois, nous quittons sans trop nous regarder l'aile noble du cabinet. Nous ne sommes pas fiers de ce qui vient de se passer. Plutôt déconfits, voire écœurés. A mon retour chez moi, dans la soirée, j'envisage sérieusement de demander ma réintégration à l'Intérieur. Ma femme perçoit mon trouble. Elle n'ose me demander ce qui me soucie. De toute façon, je suis tenu au secret. Depuis deux mois, dans trois services conjoints – Trésor, Budget, direction générale des Impôts (DGI) –, nous disposons de suffisamment d'éléments à l'encontre de l'équipe Jacques Médecin, à Nice. C'était en 1976... Le chantier de l'extension de l'aéroport de Nice est en cause. Les besoins de financement de cette opération dans le Var sont énormes. Nous en suivons l'évolution au travers des diverses sociétés d'aménagement intervenantes. Au départ, l'alerte est venue de l'Equipement. De la routine : les bureaux ont reçu des dénonciations anonymes rapportant certains faits troublants. La mission des opérations financières du Trésor a fait remonter l'information au bureau A-3. Comme à leur habitude, les services du quai de Passy ont toléré trop longtemps la présence du même directeur de l'Equipement sur place. Des phénomènes étranges, très inquiétants, sont rapportés par la presse : comme par hasard, toutes les entreprises de travaux publics qui s'essaient à ce chantier, hormis celles qui sont implantées dans le département, en repartent sans demander leur reste : les grues s'effondrent inopinément, les camions de terrassement n'arrivent pas à bon port...

A la DGI, mon correspondant, un jeune administrateur dont je tairai le nom, suit l'affaire de près. L'extension de l'aéroport international Nice-Côte d'Azur obéit à un cheminement original. C'est un aéroport gagné sur la mer. Les travaux de génie civil exigent l'apport de quantités considérables de remblais. Ces matériaux viennent de l'arasement de collines de l'arrière-pays niçois. En liaison avec les services fonciers locaux responsables des évaluations domaniales, et qui relèvent de sa direction, mais sans les mettre dans la confidence, mon interlocuteur à la DGI se fait communiquer toutes les transactions foncières correspondant à la propriété de ces zones de remblais. Quelle n'est pas sa surprise et la nôtre de constater que les détenteurs des droits fonciers sont des commensaux – personnes privées ou sociétés – gravitant dans l'entourage ou la mouvance de la mairie de Nice. Aux yeux des échelons locaux, l'évidence de l'utilisation de prête-noms en guise d'écrans ne fait guère de doute.

Nous rédigeons une note conjointe pour le ministre sous la double signature des deux directeurs du Budget, Deroche, et du Trésor, de la Rosière – ce qui est relativement rare – décrivant la situation mise au jour et demandant l'ouverture de poursuites judiciaires.

C'est dans l'ambiance feutrée d'un des bureaux du Cabinet que tout se dénoue. Nous sommes vertement sermonnés. C'est tout juste si on ne nous demande pas de nous occuper de nos oignons. Circulez, il n'y a rien à voir !...

Cette affaire m'ébranle suffisamment dans mes convictions pour qu'à la veille de mon retour à la Ville, en septembre 1976, je réponde positivement aux sollicitations d'un de mes amis qui me met en relations avec l'actuel président socialiste de la région parisienne, Jean-Paul Huchon. J'ai déjà eu l'occasion de dîner avec – parmi d'autres convives – Michel Rocard. Je n'ai pas d'engagement politique marqué. Cependant je reste sur mes gardes, tout en étant sensible, comme tout un chacun, à l'exceptionnelle séduction du personnage. Ma méfiance vis-à-vis du Parti socialiste tient plutôt à l'extraordinaire ambiguïté du personnage mitterrandien que j'ai toujours soupçonné, non sans raison, de n'avoir eu de socialiste que l'étiquette. Toujours est-il que j'accepte la mission souterraine consistant à décortiquer le budget de la ville de Conflans-Sainte-Honorine où Michel Rocard va se présenter l'année suivante et dont il sera élu maire.

Je me souviens que les documents qui me sont confiés ont été recopiés à la main par des militants locaux : les tenants de l'ancienne municipalité, dite de droite, qui seront battus aux élections municipales de 1977, se sont absolument refusés à communiquer quelque document budgétaire ou comptable que ce soit, et j'ai dû me résoudre à tout reconstituer par moi-même – un vrai travail de bénédictin !

Quelque temps après l'affaire niçoise, je déjeune avec mon correspondant de la DGI. Il me recommande de ne point trop m'inquiéter pour l'impunité de Médecin. Il me fait en effet comprendre à demi-mot que, membre du Parti communiste, il a été délibérément infiltré à la DGI à sa sortie de l'ENA pour s'en occuper tout spécialement.

Tout n'est pas que déception – tant s'en faut – dans notre travail au Trésor. Un soir, sur le coup de vingt heures, alors que je m'apprête à quitter le bureau, le téléphone sonne. Un personnage s'annonce courtoisement : « Simon Nora, vous êtes bien Georges Quémar ? – Oui, monsieur. – Je suis chargé par l'inspection des Finances de l'enquête que le Trésor a demandée concernant l'Agence pour l'amélioration de l'habitat. » Effectivement, quelque temps auparavant, j'ai fait signer une note demandant à l'inspection des Finances son intervention à l'ANAH. Rendez-vous pris le lendemain matin à la première heure, je raccroche. Mais je suis le premier surpris : la rapidité de la réaction m'intrigue. Il ne faut pas croire : les services de l'inspection générale des Finances sont très sollicités ; il appartient aux demandeurs d'apporter aux inspecteurs la preuve que cette intervention est justifiée, qu'ils ne peuvent effectuer le travail par eux-mêmes. Assaillis de demandes de mission, en dépit de leur qualité et peut-être à cause d'elle, les jeunes inspecteurs frais émoulus de l'ENA, taillables et corvéables à merci, n'ont de cesse d'écarter par tous les moyens les demandes dont l'inspection est saisie. J'assiste souvent à ce genre de batailles rangées où la direction, il faut bien en convenir, a rarement le dessus... Or je ne comprends pas qu'en l'occurrence, cette mission ait été apparemment acceptée sans joute oratoire préalable.

Qu'est-ce au juste que l'ANAH ? C'est une agence publique chargée d'aider à l'amélioration de l'habitat ancien par des systèmes de prêts avantageux. La ressource permettant de gager les prêts consiste dans une taxe parafiscale dont le produit est versé à l'ANAH : la taxe additionnelle au droit de bail. Je siège en tant que représentant du Trésor au sein du Conseil de l'Agence. Le président en est un brave homme sans grande envergure, placé là dans l'attente de la retraite. Le directeur est un fonctionnaire de l'Equipement. J'ai croisé la courbe des engagements et celle des paiements, et effectué une projection à moyen terme : sans révision des objectifs, l'Agence court droit à la cessation de paiement. J'ai multiplié les mises en garde, sans l'ombre d'une écoute de la part de mes interlocuteurs. Il n'est plus d'autre solution que l'épreuve de force.

Le lendemain, Simon Nora m'accueille avec

mon graphique en main. Le personnage est entouré de l'aura que, dans les années 1960, lui a valu le rapport qu'il a rédigé sur les entreprises publiques. Comme tout le monde au ministère, je sais que Giscard ne lui pardonne pas d'avoir dirigé le cabinet de Jacques Chaban-Delmas, premier Premier ministre de Georges Pompidou. A ce moment-là, j'ignore en revanche qu'il a été aussi le *sherpa* chargé d'accueillir le jeune Giscard au sein de l'inspection. Quand je le rencontre, Nora est en disgrâce, remis à la disposition de son corps d'origine.

Je comprends que ma note a fait mouche. Mais je suis à cent lieues de me douter que, pour Nora, l'intervention sur l'ANAH n'est qu'un épiphénomène – l'occasion, en réalité, de rebondir. En effet, les études sur la réforme du financement du logement social démarrent. Giscard souhaite introduire en France le système américain d'aide personnalisée au logement, idée avant tout politique, mais, accessoirement, moyen de canaliser l'aide dispendieuse à la pierre du dispositif français. Il confie à Raymond Barre le soin d'animer une commission de réflexion sur les problèmes de logement. Le rapporteur de cette commission n'est autre qu'Antoine Jeancourt-Galignani, l'ancien chef du bureau A-3 qu'il a quitté pour d'autres fonctions peu avant que j'y sois affecté.

Simon Nora a tôt fait de comprendre que l'enquête sur l'ANAH lui « ouvre un boulevard » pour étendre la réflexion de la commission Barre aux problèmes de l'habitat ancien. Il se fait épauler par

Bertrand Eveno, jeune inspecteur des Finances, et ce duo remarquable va contribuer à rénover complètement la politique de l'habitat ancien. Accessoirement, à sceller aussi le destin du directeur général de l'ANAH, rapidement remplacé.

D'autres moments sont malheureusement moins exaltants... Je m'occupe également des sociétés immobilières d'investissement (SII). Ces organismes contribuent au financement du logement locatif. Ils disposent d'un statut fiscal privilégié. Surtout, les « S deux i », comme on les appelle, bénéficient du privilège d'une garantie du Trésor en ce qui concerne l'évolution de leurs loyers. Par malchance, cette garantie vient à jouer en 1975. En effet, le gouvernement, usant de son pouvoir de modération, décide alors d'une mesure de blocage des hausses de loyers. En conséquence, la garantie est mise en jeu. Je suis donc chargé d'élaborer les modalités de la contrepartie à verser au compte d'exploitation des sociétés et d'effectuer les paiements correspondants, à la charge du Trésor. Je vais devoir régler seul ce dossier, calculer les sommes dues, établir les pièces de liquidation et de paiement. Je vois encore la surprise de Philippe Chareyre, patron de la SAGI, venu aux nouvelles – certaines sociétés du groupe étant bénéficiaires de la garantie de loyer –, devant la nécessité où je me trouvais de procéder moi-même matériellement, sans l'aide de personne, à l'élaboration du dossier.

Mais le travail est ainsi fait qu'il n'y a pas, qu'il ne saurait y avoir de tâches nobles et d'autres qui le seraient moins. La seule règle qui vaille est qu'il faut faire le travail, quel qu'il soit.

J'aurais pu sans inconvénient rester au Trésor, ma « mobilité » terminée. Mais le sérail ne m'aurait probablement promu à un poste de premier plan qu'après m'en avoir fait payer le prix. De toute façon, Camille Cabana veillait : à la fin du printemps 1976, il me convoqua pour m'appeler quelques mois plus tard comme sous-directeur des services administratifs de la direction des Affaires scolaires, de la Jeunesse et des Sports de la Préfecture de Paris.

L'aventure municipale commençait.

L'Imprimerie municipale : une redoute emportée à la hussarde

Pentecôte 1985 : la nuit qui commence est celle de tous les périls ! C'est un vendredi soir, veille d'un long week-end de trois jours. Je suis encore au bureau à une heure tardive. Les dés sont jetés, le Rubicon franchi. Une toute dernière fois, j'examine le plan ultrasecret que je connais presque par cœur à force de m'en être pénétré. Ce sont les cheminements souterrains par les égouts qui permettent d'accéder à l'Hôtel de Ville et aux bâtiments publics qui l'entourent.

Il peut être dans les vingt heures trente quand je range les derniers papiers épars sur mon bureau avant de m'apprêter à partir. La consigne de secret est soigneusement respectée. Il y a moins d'une heure, Daniel Naftalski m'a appelé au téléphone pour une tout autre affaire, et, dans le cours de la conversation, nous n'avons laissé filtrer aucune allusion au seul et unique sujet qui nous préoccupe ce soir.

Dans la nuit, par la fenêtre d'angle de mon bureau, je devine la masse noire du chevet de l'église Saint-Gervais. En 1916, là, tout près, presque à portée de main, les obus de la Grosse Bertha se sont écrasés sur les fidèles en prière. De l'autre côté de la place, l'objectif de l'équipée de ce soir : la caserne Napoléon.

Mon bureau est installé au deuxième étage de la caserne Lobau, qui jouxte la place Baudoyer, face à la caserne Napoléon. Ce soir, je veille seul dans le vaste bâtiment silencieux que ses occupants ont déserté. Lobau est un haut lieu chargé d'histoire : comme « Napoléon » auquel elle fait pendant et qui continue d'abriter des casernements et un mess de la gendarmerie, c'est une ancienne caserne de la Garde construite par les prisonniers russes de la guerre de Crimée. Claude Santelli, venu tourner quelques prises de vues dans la cour à l'occasion d'un film sur la Commune de Paris, m'a expliqué un jour – ce que j'ignorais – que les Communards pris les armes à la main et jugés séance tenante par les cours martiales installées place de l'Hôtel de Ville étaient ensuite conduits dans la cour de Lobau pour y être passés par les armes.

Dans les sous-sols de la caserne Napoléon est installée l'Imprimerie municipale. Elle occupe un vaste quadrilatère à demi enterré que recouvrent en partie les cours intérieures.

Je suis l'un des rares dans la confidence : cette nuit et dans les jours qui viennent, un commando de spécialistes va s'infiltrer par les égouts, s'installer dans les locaux et, à l'insu de tous, microfilmer à loisir l'ensemble des archives du service d'impression municipal.

Les naïfs pourront s'étonner d'un pareil procédé que la morale et la loi pénale réprouvent. L'Imprimerie municipale est rattachée au cabinet du Maire. Pourquoi diable Jacques Chirac aurait-il besoin de recourir à une action de commando pour exercer des prérogatives qui lui appartiennent de droit ? Après tout, le Maire n'est-il pas maître chez soi ?

De la même manière, certains diront plus tard, à l'occasion du scandale des « écoutes sauvages » à l'Hôtel de Ville que révélera *Le Canard enchaîné* en octobre 1990, qu'on voit mal le Maire de Paris espionner ses agents responsables de l'achat des choux et des raves destinés à l'approvisionnement des restaurants du personnel... Et pourtant !

L'Imprimerie est un bastion de la CGT et du Parti communiste installé au cœur de l'Hôtel de Ville. Un revolver braqué au cœur de l'entreprise municipale. Une sorte de *terra incognita*, un défi à l'autorité municipale. N'y entre pas qui veut. Un semblant de contrôle administratif existe bien : un vieil administrateur blanchi sous le harnois, mais dont chacun sait qu'il fait de la figuration. En réalité, l'autorité dirigeante est ailleurs, au Syndicat du Livre CGT.

Un mot d'histoire : peu après la victoire, un décret du 30 mai 1945 confère le statut d'entreprise de presse à ce qui n'était alors qu'une banale imprimerie de labeur. Tous les avantages qui s'attachent à cette reconnaissance bénéficient au personnel de l'Imprimerie municipale : horaires allégés, salaires plus que confortables – une dizaine de protes gagnent largement plus que les directeurs de la Ville –, monopole d'embauche au profit exclusif du Syndicat du Livre CGT, etc. La municipalité n'exerce aucun contrôle réel sur ce petit Etat dans l'Etat.

Depuis de longs mois, nous étudions l'opération de reconquête dans le plus grand secret. Avec l'accord du Maire, Robert Pandraud a décidé de porter le fer dans cette redoute. Ce coup de force est loin de faire l'unanimité au sein de l'entourage immédiat de Jacques Chirac. Les risques de scandale ou de dérapage ne sont pas négligeables. Camille Cabana est plutôt réservé. Je sais que, dans le cas où les choses tourneraient mal, nous ne pourrions nous en prendre qu'à nous-mêmes.

Un luxe de précautions inusité a été pris. Pour n'éveiller l'attention de personne, des réunions préparatoires ont eu lieu de manière anodine. Parfois même, nous nous réunissons au vu et su de tous dans des salles de commission du Conseil de Paris... Au sein de l'administration, nous ne sommes que quatre dans la confidence : le directeur adjoint du cabinet, qui pilote l'opération ; le directeur des Finances ; moi-même, en ma qualité de responsable du personnel ; et la cheville ouvrière de l'opération, que je rencontre pour la première fois au cours d'une de ces réunions : un contractuel spécialisé, recruté pour les besoins de la cause.

Ce commando que nous constituons compte au moins deux praticiens des opérations risquées :

Daniel Naftalski est un personnage à part. Bras droit de Robert Pandraud, c'est un saint-cyrien, officier de carrière, ancien colonel des troupes de marine. Non sans panache, comme Pandraud ou Cabana, il a été reçu au concours interne d'accès à l'ENA réservé aux fonctionnaires. A l'arrivée au pouvoir des socialistes, en 1981, il a quitté le cabinet de Raymond Barre, où il s'occupait des services secrets, pour rejoindre la Mairie de Paris.

Le contractuel spécialisé a la réputation d'avoir appartenu aux services spéciaux. Ancien parachutiste, il connaît parfaitement le métier de la presse et de l'édition ; pour la commodité, je l'appellerai par la suite « notre agent ».

La moisson de notre mission occulte se révèle déterminante. Aucune trace décelable, aucun signe de passage. Jamais, par la suite, les personnels de l'Imprimerie ne se douteront de l'origine exacte des renseignements que nous détenons. Du travail de professionnels qui vaut à « notre agent » les félicitations de Robert Pandraud. En particulier, les preuves sont apportées que les fongibles achetés par la Ville servent à d'autres destinations que les besoins de la communication de la municipalité.

« Notre agent » fait son profit des documents et pièces comptables recueillis. Au cours de deux réunions convoquées au niveau de Robert Pandraud, avec force graphiques à l'appui, il reconstitue le compte d'exploitation réel de l'activité d'impression municipale. Grâce à une organisation différente, il conclut à la possibilité de réaliser de 50 à 60 millions de francs d'économies annuelles, soit un allégement substantiel du budget municipal.

Nous réfléchissons tous ensemble à une solution de substitution. Le montage juridique mis sur pied pour remplacer l'imprimerie repose sur la création d'une société d'économie mixte au capital détenu majoritairement par la municipalité. Celle-ci chapeauterait le service d'impression et sous-traiterait systématiquement au secteur privé les travaux exercés jusque-là en régie.

Nous continuons de nous réunir en catimini. Les rôles sont étroitement cloisonnés. Chacun sait ce qu'il a à faire. Le moins de monde possible dans le secret. Dès 1981, grâce à une fuite, nous avons été informés que la Préfecture de Police avait reçu l'ordre d'écouter tout ce qui se disait à la Mairie de Paris à partir de dispositifs ultrasophistiqués utilisés depuis la place de l'Hôtel de Ville. Les liaisons téléphoniques ainsi placées sous surveillance sont donc proscrites. Le petit groupe de conspirateurs que nous formons évite de s'afficher ensemble, même si la personnalité de « notre agent » reste largement couverte par l'incognito.

A l'époque, bien à tort, je dois convenir que dans mon esprit, la fin l'emporte sur les moyens. Je fais mienne la définition de la justice par les jésuites : un petit mal pour un grand bien. J'en reviendrai...

Le climat est favorable à une stratégie de confrontation. Les communistes ont cessé de siéger au gouvernement à majorité socialiste. Privé des postes de commande et des sources de revenus corrélatives que lui avait accordés sans contrepartie

Pierre Mauroy, le PC manque cruellement de moyens et de ressources. Dans le cadre de mes fonctions, je suis au courant, grâce à certains détails, des difficultés notables que rencontrent le Parti communiste et la CGT. Au titre des régimes sociaux accessibles aux personnels, j'exerce ainsi la tutelle indirecte de la Mutuelle des personnels parisiens de la rue de Sévigné, contrôlée par la CGT de l'Hôtel de Ville ; grâce à une source indirecte, je suis mis au fait des graves difficultés financières survenues au sein de cet organisme. J'en informe immédiatement le cabinet.

Notre calcul est simple : il repose sur l'effet de surprise. Nos interlocuteurs seront si abasourdis qu'on ait osé s'en prendre au Livre CGT qu'ils ne tenteront rien. Jusqu'à maintenant, en effet, les élus parisiens de la majorité municipale se sont accommodés d'une situation qu'ils déploraient en privé mais qu'ils se seraient bien gardés de dénoncer dans leurs propos publics. Quant à l'opposition socialiste au Conseil de Paris, soit elle est inexistante, soit elle se réjouira de laisser la droite faire le sale boulot sans interférer dans une affaire où, à ses yeux, il n'y a que des coups à prendre.

Sur le plan technique, c'est l'occasion de moderniser un système devenu obsolète depuis des lustres. Et qui se refuse systématiquement à une quelconque adaptation. Les linotypistes – Syndicat du Livre oblige – y font encore la loi. L'offset, procédé banal à l'extérieur, n'a même pas droit de cité à l'Imprimerie municipale !

Pour moi, c'est aussi, anecdotiquement, l'occasion de prendre une revanche. Les lenteurs du service d'impression municipal sont proverbiales ; je ne raconterai pas ici toutes les petites compromissions auxquelles j'ai dû me prêter par le passé quand, chargé du Budget municipal, il me fallait me concilier les bonnes grâces des protes municipaux pour obtenir la publication prioritaire de nos travaux d'impression, toujours ultra-urgents. Ces derniers ne se privaient pas, à l'occasion, d'exercer un chantage sur la municipalité. Christian de La Malène, rapporteur général du Budget, dut lui-même passer à plusieurs reprises sous les fourches caudines des dirigeants de l'Imprimerie qui exigeaient telle ou telle commande de matériels à leur convenance sous peine de ne pas imprimer plus longtemps les travaux du Conseil de Paris...

Accessoirement, cette opération-vérité va mettre un terme à toute une série de petites compromissions subalternes que, de manière récurrente, nous découvrons à la faveur du dépouillement des archives : cartes de Noël des élus, journaux de quartier, bristols d'invitation sans lesquels la dynamique édilitaire, faute d'une logistique adéquate, ne fonctionne plus, vont devoir faire retour dans le giron de la Mairie.

Surtout, et pour finir, voilà un signal fort à destination des syndicats de la « maison » placés sous la férule cégétiste. La détermination de la municipalité d'enlever cette redoute CGT dépasse en effet le cadre des affrontements habituels. Oser s'attaquer – et de cette manière – à la puissante Fédération du Livre CGT ne manque pas de culot, relève même, aux yeux de certains, de la provocation, voire de l'inconscience. La Fédération revendique à l'époque 75 000 adhérents. Sa toute-puissance sur les professions concernées résulte du contrôle exclusif de l'embauche qu'elle exerce sans solution de continuité depuis la Libération.

Cette affaire témoigne d'une incontestable volonté d'en découdre et de la volonté de reprendre le contrôle complet d'une activité de communication essentielle pour la municipalité.

N'aurions-nous pas néanmoins ouvert la boîte de Pandore ?

A l'époque préfectorale, les syndicats vivaient dans la plus totale impunité. Les préfets ne souhaitaient pas d'ennuis. Les élus parisiens, eux, ne sont pas comptables de la paix sociale. Je vois encore Christian de La Malène, rapporteur général du Budget, brandir quelques années plus tôt à la face de la gauche, au Conseil de Paris, le tableau prévisionnel des congés-maladie du service municipal des Pompes funèbres, tenu à l'avance par la CGT : en sus du mois légal, deux mois de vacances annuelles aux frais des contribuables !

Reste le *modus operandi.* C'est là qu'intervient la direction de l'Administration générale. Notre souci tactique est de prendre le Livre de court, de le placer devant le fait accompli, de préférence sur un terrain auquel il ne s'attend pas.

Pour supprimer l'Imprimerie, une première condition est remplie : « notre agent » dispose d'une organisation extérieure de remplacement qui peut prendre la relève au débotté. Il peut mettre en ligne un groupe de sociétés qui, sous forme de bureaux d'étude spécialisés, pourront assurer du jour au lendemain l'ensemble des prestations dont la municipalité a besoin. Nous sommes donc parés sur le plan technique. Mais cette condition n'est pas suffisante : pour respecter les formes légales, il nous faut une décision en bonne et due forme prononçant la suppression. S'agissant d'une réorganisation de service, celle-ci ne peut être valablement prise que par un comité technique paritaire. Avec mon collaborateur Pierre Daffos, nous trouvons le biais – organiser une session exceptionnelle de la commission paritaire spéciale du cabinet du Maire avec pour seul ordre du jour : l'avenir de l'Imprimerie.

Instruits par l'expérience, nous savons quelle sera la réaction du Livre. Fort de sa puissance ou de l'idée qu'il s'en fait, ou tout bonnement prisonnier de ses habitudes de rodomontades et de cartes forcées datant de la période préfectorale, doutant même de la détermination administrative, le syndicat n'acceptera de discuter que d'égal à égal avec les politiques ; il va donc s'abstenir de prendre part à la réunion de la commission paritaire, comme il l'a toujours fait jusqu'alors. C'est ce sur quoi nous comptons. L'idée consiste à mettre le secrétaire général du Livre CGT, Roger Lancry, devant le fait accompli en provoquant une décision paritaire locale préalablement à l'ouverture de toute négociation avec ce syndicat.

Notre plan réussit au-delà de nos espérances. Comme nous l'avions calculé, la CGT, sous-estimant notre résolution, ne prend pas au sérieux la convocation de la commission et s'abstient d'y participer, pratiquant la politique de la chaise vide. Comme nous sommes majoritaires au sein de cette commission, celle-ci prononce sans coup férir, à la stupeur des autres syndicats, la décision de suppression de l'Imprimerie et son remplacement par une société d'économie mixte.

Le tour est joué. Nous allons certes entrer dans une zone de fortes turbulences. La CGT ne peut laisser passer l'affront ; les réactions ne vont pas tarder à se manifester. L'organisation peut choisir d'ouvrir un second front, voire recourir à l'arme absolue : la grève du nettoiement, qui paralyserait Paris. Mais je n'y crois pas. Je penche pour l'hypothèse de la négociation plutôt que pour celle de l'affrontement. La suite des événements me donnera raison.

A toutes fins utiles, je prends certaines mesures de précaution. Je recommande à ma femme de faire elle aussi attention. Je varie mes itinéraires pour me rendre au bureau. J'ai en mémoire la terrible mésaventure survenue à mon collègue Pierre-Yves Ligen, chargé de l'Urbanisme, dont l'appartement fut proprement mis à sac, en présence de sa fillette, par des trublions gauchistes mécontents d'une décision prise par la Ville et qui s'étaient présentés à sa porte, un bouquet de fleurs à la main.

Instruits par notre récente expérience, nous faisons condamner les accès par les égouts pour prévenir toute épreuve de force susceptible d'aboutir à une tentative d'occupation de l'Hôtel de Ville.

Comme prévu, le patron du Syndicat du Livre, Roger Lancry – que, quelque temps plus tard, François Mitterrand décorera de la Légion d'honneur –, s'emporte et s'enflamme. Mais ce n'est que tapage de façade. Conscient d'avoir été joué, mais ne croyant pas l'irrémédiable accompli, et s'estimant lui-même incontournable, le secrétaire général du Syndicat exige d'être reçu par Jean Tiberi, président de la commission technique paritaire.

C'est en réalité Robert Pandraud qui conduit les négociations. Celles-ci commencent dans la plus pure tradition de la langue de bois : plusieurs rounds d'observation, émaillés de commentaires peu amènes. Puis les choses prennent rapidement un tour réaliste : combien ? quand ? Outre la préservation des intérêts acquis des personnels dont les postes seront supprimés – et qui donneront lieu à de substantielles indemnités –, le Syndicat réclame son dû : de l'argent en échange de la paix sociale !

La partie de bras de fer engagée, Roger Lancry profère des menaces, tâte notre degré de résistance. Tout le monde a en mémoire les actions de force qui bloquèrent la diffusion du *Parisien* de 1975 à 1977. Personne n'a oublié comment l'audience de ce quotidien fut réduite de moitié. Ni les centaines de plaintes déposées par le groupe Hersant quand la CGT usa contre son groupe de l'arme absolue de l'arrêt de parution : aucune n'a jamais abouti à une quelconque condamnation des actions menées par les ouvriers du Livre. Toutes ont été classées. Assuré de l'impunité, Roger Lancry nous fait cyniquement comprendre que la CGT saura retrouver le Maire au tournant, à l'occasion de quelque prochaine campagne politique, en bloquant la distribution de sa messagerie et de ses publications électorales. Tout le monde a en tête le cap encore lointain des élections présidentielles de 1988.

A moins que nous ne fassions preuve de compréhension...

Au terme de plusieurs séances de pourparlers serrés, on finit par s'entendre. On s'accorde sur 8 millions de francs pour solde de tout compte, reclassements et indemnités de départ compris. Pandraud me demande d'« habiller » la décision : il est naturellement hors de question de sortir cette somme du budget municipal sous la forme d'une subvention municipale à la CGT ou au Parti communiste !

La formule retenue revêt la forme subtile mais bien commode de conventions fictives d'allocations de formation. Toutes consenties, comme par l'effet d'un heureux hasard, à des organismes placés sous l'étroit contrôle de la CGT, elles sont théoriquement destinées à faciliter la reconversion des personnels dégagés des cadres. Le tout pour un montant d'un peu plus de 5 millions de francs à ce seul titre. Pour éviter le contrôle du comptable public qui n'aurait pas manqué, s'il avait été saisi, de relever le caractère « artificiel » de ces conventions de paiement, les fonds ne seront pas décaissés directement par la Ville, mais par un organisme écran, certes alimenté par le budget municipal sous la forme d'une subvention globale, mais géré de manière extramunicipale. Association soumise à la loi de 1901, l'ASPP, chargée des œuvres sociales de la Ville, n'est pas astreinte (du moins en 1984-1985) au contrôle des décaissements par le comptable public.

Du point de vue municipal, le résultat final se présente de la manière suivante : 104 emplois budgétaires supprimés, 81 dégagés des cadres (256 790 francs d'indemnités de départ par agent), 23 réaffectations ayant bénéficié d'une « reformation » corrélative, la Ville payant une formation complémentaire, dispensée par le Syndicat, aux agents dégagés des cadres soucieux de retrouver une activité dans les milieux du Livre (42 agents pour un coût de 5,1 millions de francs). En contrepartie, le budget municipal fera 50 millions de francs d'économies annuelles.

Au jour dit, les locaux, désormais désaffectés, réintègrent le giron de la Ville. Jusqu'au bout, nous ne serons pas trop tranquilles, redoutant une épreuve de force, des violences. En dépit des copieuses libations des occupants, qui font redouter l'incident, tout se déroule dans le calme. Je propose d'accompagner « notre agent » pour le transfert des pouvoirs. Pandraud s'y refuse, craignant une réaction des « gros bras ». A son retour, l'intéressé nous confie que, pour se donner du cœur au ventre, il a pris la précaution de se munir d'un revolver.

Cette reconquête, menée à la hussarde, avec une précision toute militaire, constitue un succès sans précédent. La Ville a obtenu le silence de la CGT et du Parti communiste. Quant aux autres syndicats, ils se le tiendront pour dit : personne ne doutera plus de la détermination de la Mairie. Cette affaire *a priori* extraordinairement hasardeuse frappera tous les esprits. Elle constituera un précédent qui ouvrira la voie à la refonte des modes de gestion municipale exercés en régie directe – refonte qu'improprement on appellera « privatisation ». De là sortira, telle Minerve tout armée, la mythique péroraison selon laquelle « ce qu'on a fait pour Paris, on le fera pour la France »...

L'apogée
(1977-1986)

L'accession de Jacques Chirac au fauteuil de Maire donne à ma carrière une accélération fulgurante. Comme souvent, le hasard y entre pour une part majeure. La question du choix entre la Mairie et l'Etat ne s'est pas posée pour moi. La loi de 1976 a intégré tout l'encadrement supérieur au sein du corps unique des administrateurs de l'Etat. Nous sommes des personnels de l'Etat en instance de détachement auprès d'une nouvelle collectivité territoriale qui apparaîtra au grand jour après les élections municipales de mars 1977. Sous-directeur des services administratifs de la direction des Affaires scolaires, de la Jeunesse et des Sports, plutôt que de rentrer à l'Intérieur, j'opte sans états d'âme pour le service en détachement auprès de la future Mairie. C'est à l'évidence mon intérêt : en raison de la concurrence autour de ces emplois, je sais que je n'ai pratiquement aucune chance d'être nommé sous-directeur dans mon corps d'origine.

Mon directeur, avec qui je m'entends bien, s'appelle Jacques Rippe. Je n'occupe ce nouveau poste que depuis septembre 1976 et m'attends normalement à rester au moins cinq ans dans cette affectation. Les événements vont en décider autrement.

Camille Cabana, qui m'a fait entrer à la Ville après mon passage au Trésor, organise la transition entre l'ancienne Préfecture et la nouvelle Mairie. De 1974 à 1977, en sa qualité de directeur de cabinet du préfet Jean Taulelle, dernier préfet de Paris avant l'application de la loi de 1976 portant statut municipal, il est la cheville ouvrière de la nouvelle répartition des attributions et de son corollaire, le choix des hommes à transférer et des postes clés à verrouiller. Tout le monde, en particulier, s'attend à ce qu'en sa qualité de préfet, il soit le premier secrétaire général de la nouvelle Préfecture de Paris, chargé d'exercer la tutelle de l'Etat sur la Mairie. Or la candidature du Comte Michel d'Ornano, alors ministre de l'Industrie, à la Mairie de Paris vient changer radicalement les données de la transition envisagée.

L'épisode mérite d'être conté. Le préfet Camille Cabana, exerçant pendant l'été 1976 l'intérim du préfet Taulelle, est convoqué au ministère de l'Industrie où il est informé de la candidature du ministre giscardien. Avant l'officialisation de celle-ci, il recommande que M. d'Ornano prenne contact avec les élus parisiens, notamment Christian de La Malène et Jean Tiberi. Il n'en sera rien fait : alors que le préfet regagne l'Hôtel de Ville, depuis le perron de l'Elysée – sans tenir compte de l'avertissement préfectoral –, le Comte d'Ornano se déclare.

A mon modeste niveau, à l'annonce de la candidature du ministre de l'Industrie, je comprends en une seconde que Christian de La Malène, rapporteur général du Budget, ne sera pas le futur Maire de Paris. L'affrontement prévisible entre lui et Jacques Dominati, son challenger naturel, n'aura pas lieu. Dès ce moment, le RPR, constitué en 1976, est dans la nécessité de mettre en lice son propre président, Jacques Chirac, face au candidat et ami de Valéry Giscard d'Estaing.

En définitive, c'est ce qui se passe, avec le résultat que l'on sait. Le gouvernement de Raymond Barre fera payer cher l'échec de M. d'Ornano. Camille Cabana sera placé hors cadre et deviendra par la force des choses le premier secrétaire général de la Mairie de Paris, dont le directeur général de cabinet n'est autre que le préfet Maurice Doublet.

C'est dans ces conditions qu'en mars 1977, après l'élection de Jacques Chirac, Camille Cabana me confie la sous-direction de la Construction, c'est-à-dire la responsabilité du permis de construire dans la capitale. J'ai alors trente-sept ans.

Quelques jours plus tard, le secrétaire général me demande de passer à son bureau. Sans un mot, il me tend un document par-dessus la table : « Quémar, vous le lisez et vous me le rendez. »

Il s'agit d'un rapport d'une quinzaine de feuillets, tapés serré, de l'inspection générale de l'Equipement. Donc d'un service de l'Etat. A l'époque, le permis de construire est toujours délivré au nom de l'Etat, les services ministériels continuant d'exercer une stricte tutelle sur sa délivrance. Je parcours rapidement le rapport ; l'affaire paraît grave. Une nouvelle fois, je suis confronté au problème endémique de la corruption.

En avril 1976, le législateur a mis en vigueur un nouveau régime fiscal destiné à restreindre les densités des programmes de logements. Il pénalise lourdement les projets surdensitaires. Un prélèvement légal au-dessus du plafond légal de densité (PLD) est institué. Le dépassement du coefficient d'occupation des sols autorisé est financièrement pénalisant. Pour s'exprimer plus simplement, si le plafond de constructibilité – c'est-à-dire le rapport entre la surface du terrain au sol et le volume de construction à développer au-dessus – est fixé par exemple à 1, et qu'un promoteur souhaite construire 1,5, une taxe prohibitive est applicable proportionnellement au nombre de mètres carrés construits en dépassement du coefficient de 1 autorisé. A Paris, le niveau de la taxe a été fixé de manière totalement dissuasive. Au surplus, le règlement de la taxe est exigible dès la délivrance du permis de construire.

En France, de tout temps, le permis de construire constitue une dérogation à l'interdiction générale de construire. Or qui dit dérogation dit forcément compromis, et, dès lors, la nature humaine étant ce qu'elle est, toutes les tentations sont possibles. Le rapport de l'inspection générale de l'Equipement indique qu'*une centaine de permis auraient été délivrés à Paris dans le mois précédant l'entrée en vigueur de la nouvelle réglementation.* Anticipation bien singulière. L'affaire porte sur plusieurs dizaines de millions de francs de recettes potentielles dont la collectivité a été privée. Raoul Rudeau, directeur général de l'Aménagement urbain, éminent polytechnicien, membre du conseil général des Ponts et Chaussées, dont je dépends directement, est à l'origine de la demande de vérification. Certes, le rapport ne conclut pas à des éléments précis et indiscutables accréditant la corruption. Aucune suite pénale n'est d'ailleurs envisagée. Ce que je lis fait état de soupçons, de coïncidences troublantes. J'apprendrai malheureusement plus tard à mes dépens qu'aux yeux de la justice des hommes, il n'y a jamais de coïncidences.

Le service que je vais diriger risque d'être éclaboussé par cette fâcheuse dérive. Encore un motif de préoccupation dont je me serais volontiers passé, mais dont il faudra bien m'accommoder. Je ne pose aucune question au secrétaire général. Je sais désormais à quoi m'en tenir. Je comprends mieux, maintenant, pourquoi j'ai été désigné. Raoul Rudeau, que j'ai vu à plusieurs reprises depuis ma nomination, ne m'a pas soufflé mot de la situation que vient de me révéler Camille Cabana.

Ce dernier a continué de travailler cependant que je prenais connaissance du rapport. Je le lui rends. Je n'en entendrai plus jamais reparler. Mon prédécesseur, proche de la retraite, a été promu à un poste de responsabilité plus important.

Je prends congé : les choses sont claires, la mise

en garde est dépourvue d'ambiguïté. Il m'appartient de me fixer une ligne de conduite et de m'y tenir.

Je connais bien la réglementation de l'urbanisme depuis qu'au Trésor je me suis occupé du financement du logement. En revanche, je n'ai aucune compétence d'architecte. Je ne suis pas non plus un opérationnel des questions d'aménagement. Pour la première fois de ma carrière, je me trouve à la tête d'un service essentiellement composé de techniciens, d'ingénieurs et d'architectes-voyers.

Les architectes-voyers de la Ville constituent un corps à part, ancien et prestigieux. Créé sous Henri IV, ce cénacle d'une quarantaine d'agents, forts de leur singularité et de leurs traditions, régente tout ce qui concerne la voirie parisienne et, par voie de conséquence, s'est arrogé au fil du temps la haute main sur ce qui se construit en bordure des voies dans l'enceinte de la capitale. Les voyers reçoivent leurs confrères privés et élaborent avec eux les règles de constructibilité applicables à tout projet présenté. Ils disposent d'une compétence géographique spécialisée. Aucun projet en cours d'exécution n'échappe à leur supervision et à leur contrôle. Surtout, ce sont des fonctionnaires recrutés par concours : sauf cas très particulier, ils n'ont pas le droit d'exercer une activité libérale ; ils ne peuvent être en effet juges et parties. L'énormité des intérêts économiques liés à l'acte de construire nécessite autocontrôle et vigilance extrêmes.

Je suis le généraliste sous l'autorité duquel les projets s'élaborent. L'architecte-voyer en chef joue le rôle d'assistant technique direct. Je dispose aussi d'un bureau administratif de la Construction qui pilote les projets, les diffuse, veille au strict respect des règles de forme et se montre vigilant sur les délais d'instruction.

Ce métier comporte certains points communs avec la géométrie dans l'espace. Il exige un esprit délié et une grande agilité mentale. A partir de données abstraites et souvent lisibles par les seuls spécialistes, avec leur langage codé, leurs tics, il faut être en mesure de visualiser un projet, de se projeter dans l'espace pour suivre lignes et mouvements, d'imaginer l'impact de l'épure architecturale sur l'environnement, de prévoir, si possible, les réactions de l'opinion par rapport au projet, et, le cas échéant, de les anticiper et les maîtriser.

Car l'acte de construction, résultat de tous ces travaux, est lisible par tous. Il concerne et interpelle le citadin, et, à Paris, les citoyens sont loin de rester inactifs. Il faut aussi compter avec les associations de défense de tout poil. Qu'on se souvienne un instant des polémiques suscitées par la construction de Beaubourg ou du Forum des Halles !

Petit à petit, à l'occasion des cas concrets qui me sont présentés, je m'adapte à cette approche et à cette dialectique nouvelles pour moi. J'apprends mon métier sur le tas.

L'univers des voyers est guidé par la référence constante au plan d'occupation des sols (POS) de Paris et à son interprétation. Cet ouvrage complexe est codifié comme une bible. Toute une série de volumes occupant une armoire recensent minutieusement le détail des règles à respecter. Le tout assorti de croquis cotés, de graphes, de commentaires rédigés dans un langage inaccessible au commun des mortels. La compétence spécifique des voyers consiste dans l'interprétation des règles.

Comme en alpinisme, le choix est simple : soit passer en force ou, comme on dit, « sortir par le haut », soit contourner l'obstacle et trouver un cheminement plus favorable.

Je dois rapidement convenir que, quels que soient mes efforts et ma puissance d'assimilation, ma prétention à maîtriser cette matière confine à l'absurde. J'ai tôt fait d'écarter la première branche de l'alternative.

Au début, j'ai pourtant eu la vanité de me faire communiquer ce Codex pour tenter d'en assimiler la substance. J'ai vite déchanté et renoncé à cette prétention extravagante. Mes collaborateurs, informés, en sourient. Je comprends mon péché d'orgueil et ma forfanterie. J'en reviens plus modestement à la raison : j'examinerai les problèmes au fur et à mesure qu'ils me seront soumis.

Mes subordonnés déterminent les règles de constructibilité : si celles-ci sont sans ambiguïté, il n'y a guère de problème. Mais le cas est rarissime. En fait, je vais devoir aiguiser ma vigilance. Les projets faciles n'existent pas à Paris. En outre, des intérêts financiers parfois énormes sont en jeu, s'agissant du droit de construire.

Les dossiers qui remontent à mon niveau pour décision sont complexes par définition. Ce sont ceux qui dérogent aux règles générales. Quelle que soit sa précision, le POS ne saurait tout réglementer dans le détail. L'interprétation des règles est un exercice inévitable, à haut risque. Dans le jargon pudique du service, certains projets nécessitent en effet ce qu'il est convenu d'appeler une « adaptation mineure », pieux euphémisme pour désigner une dérogation majeure sans laquelle le dossier devrait être écarté sans autre forme de procès.

Certes, ces dérogations sont encadrées par toutes sortes de conditions et un luxe de précautions est prévu pour éviter l'arbitraire. Mais l'« adaptation » détermine souvent l'économie réelle et la rentabilité marginale de l'étude architecturale. Dépasser par exemple les règles contraignantes de gabarit peut permettre d'ajouter parfois un niveau de construction supplémentaire. Il faut aussi veiller aux modifications des autorisations de construire en cours d'exécution, qui sont souvent un biais commode pour contourner les contraintes du projet initialement autorisé. En général, les décisions les plus importantes ne sont pas le fait d'un homme seul, mais d'une commission qui réunit tous les mois, selon une fréquence régulière, les services concernés de l'Etat et ceux de la Ville.

Plus que partout ailleurs, il existe en effet ici une contradiction d'intérêts fondamentale entre ceux dont la raison d'être est d'enfreindre la règle de droit – ou tout au moins de tout tenter pour l'adapter au mieux de leurs intérêts et de ceux de leurs clients – et ceux dont la mission est de la faire respecter.

Ainsi que je l'ai expliqué, la décision se prend dans un cadre collégial. Mais le pouvoir de proposition, à ce niveau de technicité, vaut souvent pouvoir de décision. Il ne faut prendre le risque d'une adaptation que pour autant que toutes les précautions préalables ont été prises, travail qui incombe aux voyers. Le permis de construire est toujours vulnérable, car il est délivré sous réserve du droit des tiers. C'est dire que toute autorisation est susceptible d'être attaquée au contentieux. En cette matière, il faut donc faire montre d'une extrême circonspection. Je suis seul, ensuite, à signer ou faire signer l'autorisation par la hiérarchie dont je dépends. Ma responsabilité est lourde : compte tenu de la technicité de la matière, mes patrons s'en remettent à mon appréciation. Le talon d'Achille réside dans la double qualité des architectes-voyers : ce sont des fonctionnaires et en même temps des hommes de l'art. Même sans leur faire de procès d'intention ni douter de leur désintéressement, ils traitent les projets d'égal à égal avec leurs collègues du privé qui les leur soumettent pour accord préalable. Les tentations existent, les sollicitations ne manquent pas. Il faut donc redoubler de vigilance.

Heureusement, le chef du bureau de la Construction, Jean Ferrari, est un cadre administratif qui a fait la majeure partie de sa carrière dans le service. Son honnêteté, sa compétence et son loyalisme sont au-dessus de tout soupçon. Je trouve auprès de lui un appui naturel, fondé sur une connaissance très fine des dossiers, beaucoup de bon sens et une détermination sans faille. Quoique sur le point de partir à la retraite, il sera, sur ma recommandation, appelé à me succéder quand je quitterai le poste en 1980.

Le lecteur aura compris que d'extraordinaires pressions s'exercent sur le sous-directeur de la Construction. Qu'il faut souvent savoir dire non et s'y tenir, quoi qu'il advienne. Que les enjeux financiers sont tels qu'il dépassent manifestement le destin personnel du titulaire de l'emploi.

Les puissants se croient souvent tout permis. L'une des premières affaires que j'aie à débrouiller concerne l'une des sœurs du roi d'Arabie Saoudite. Propriétaire d'un appartement dominant le Champ de Mars, elle s'apprête à réaliser des aménagements contraires à toutes les règles. Fort heureusement, son architecte nous a prévenus et nous a demandé notre aide. Avec le concours de l'ambassadeur à Paris et moyennant un luxe de palabres et de précautions, nous parvenons en définitive à ce que force reste à la loi, sans trop désobliger Son Altesse royale.

J'ai à instruire le permis de l'Intrabank, sur les Champs-Elysées. Dans un tel site, il n'est bien sûr pas question d'autoriser n'importe quel projet. Les façades donnent lieu à une débauche d'esquisses toutes plus travaillées les unes que les autres. Le terrain étant propriété des autorités saoudiennes, l'architecte fait la navette entre Paris et Riyad. Il faut bien six mois pour mettre au point une architecture définitive. Les associations de sauvegarde font de la surenchère, multiplient les embûches. Le dossier passe en commission des sites sans jamais trouver grâce aux yeux des « comités Théodule ». Après le énième projet, de guerre lasse, le roi finit par charger l'architecte de faire savoir au Maire de Paris que si l'obstruction continue, il fera aménager « un jardin de roses » à la place de la construction envisagée... Du coup, toutes les difficultés sont aplanies du jour au lendemain !

Le soir, comme chaque jour au moment de quitter le service, je jette un coup d'œil distrait sur mon agenda pour vérifier mon emploi du temps du lendemain. Je ne tiens pas moi-même le calendrier de mes rendez-vous ; c'est mon secrétariat qui s'en occupe. La concertation permanente est telle, à ce poste aux implications multiples, que je cours de réunion en réunion.

Le matin, comme à l'habitude, je serai à 8 heures 30 à mon bureau ; puis mon planning me rappelle que je recevrai à neuf heures la visite de M. Dassault. Je pense qu'il doit s'agir d'Olivier, le petit-fils, qui est d'ailleurs conseiller de Paris. Le voyer de service, en charge du VIIIe arrondissement, qui doit assister à la réunion, me détrompe rapidement : c'est bien l'avionneur Marcel Dassault en personne qui vient me voir. Ma surprise n'est pas feinte. Mon collaborateur, qui est en relation avec les architectes de M. Dassault, m'explique en quelques mots que le député de l'Oise se pique d'architecture, que ces questions le passionnent, qu'il ne laisse à personne le soin et le plaisir de s'en occuper. Il vient me rendre visite à propos d'un projet de transformation d'un hôtel particulier qu'il loue à une ambassade et qu'il voudrait reconvertir en bureaux.

Le lendemain, vers neuf heures moins dix, Marcel Dassault se présente, flanqué de deux ou trois de ses architectes que je connais d'ailleurs de vue. Nous sommes en juin ; il fait déjà très chaud. Civilement, je lui propose de le débarrasser de son manteau, ce qu'il refuse. A ma grande surprise, avec une clarté et une précision sans faille, il expose lui-même son projet avec toutes les nuances techniques nécessaires ; ses architectes se contentent de passer les plans qu'il leur a fait préparer et qu'il commente avec beaucoup d'habileté et de clairvoyance. Comme tout un chacun, je connais les pages de publicité qu'il fait alors passer dans les journaux, notamment sa fameuse chronique du « Café du Commerce ». A tout propos, il me donne du « monsieur le directeur ». Malheureusement pour lui, sa conception toute personnelle du POS se révèle incompatible avec les grandes orientations que le service a pour tâche de faire prévaloir dans ce secteur de Paris. Avec diplomatie mais fermement, je me vois donc contraint de lui expliquer toutes les excellentes raisons tirées de la réglementation qui rendent son projet impossible à réaliser.

« Qu'à cela ne tienne, monsieur le directeur, j'en parlerai à Jacques ! »

Tout le monde autour de la table connaît bien évidemment les liens particuliers qui lient Jacques Chirac à la famille Dassault.

« Monsieur le président, même le Maire de Paris ne pourrait pas autoriser ce que vous demandez... »

Mon interlocuteur ne se démonte pas. J'ai beau lui expliquer en long et en large que la dérogation qu'il sollicite n'a aucune chance d'être accordée par qui que ce soit, car elle est inconcevable, notre homme, avec une belle pugnacité et une mauvaise foi exemplaire, ne cesse de revenir à la charge.

Autour de la table, je sens l'amusement croître au fur et à mesure que cette joute oratoire se prolonge. Les architectes de Marcel Dassault ne sont pas mécontents de faire toucher du doigt à leur illustre client l'incompréhension et l'absence de souplesse du service. Après une heure de ce petit jeu, nous nous séparons « bons amis » et d'excellente humeur, non sans que Marcel Dassault m'ait gratifié pour conclure d'une admonestation sans frais : « Monsieur le directeur, je sais très bien que l'administration a toujours raison, mais je vais quand même, si vous m'y autorisez, en parler à Jacques... »

Marcel Dassault n'a nul besoin de mon autorisation pour faire comme bon lui semble. Je le reconduis jusqu'à l'ascenseur. Dans le couloir, je remarque un certain nombre d'accompagnateurs musclés dont je n'avais pas décelé la présence à son arrivée et qui montent la garde devant mon bureau. Une fois ce petit monde disparu, l'huissier d'étage, tout ébahi, exhibe à la cantonade une coupure neuve de cinq cents francs que notre généreux visiteur lui a remise en partant.

Dans la soirée, à titre de précaution, je fais porter une courte note à Camille Cabana afin qu'il informe le Maire. J'y expose succinctement les prétentions de M. Dassault et l'impossibilité pratique de lui donner satisfaction en l'état du POS dans ce secteur de Paris.

Quelques mois plus tard, M. Dassault, impressionné par ma résistance – il fera dire qu'il n'a pas l'habitude de s'entendre refuser grand-chose –, me fera passer un message m'invitant à rejoindre son groupe. Quoique veuf à l'époque, libre de mes mouvements et honoré par cette marque de confiance, je déclinerai l'offre au motif – d'ailleurs vérifié – que cette fonction nécessiterait une disponibilité de cent cinquante jours d'avion dans l'année !

⁂

Une belle jeune femme, accorte et souriante, avocate de son état, vient d'entrer dans mon bureau. Elle a pris rendez-vous avec mon secrétariat. Elle représente un grand groupe italien qui est engagé dans une malencontreuse affaire en bordure du canal Saint-Martin. Sans qu'on sache trop qui est responsable de quoi, et à notre grande surprise, les architectes et leurs entreprises sur place ont mis à exécution un programme complètement différent de celui qui avait été autorisé.

Certes, l'affaire n'est pas banale. Mais, comme je l'ai montré à propos de la construction de la faculté de Vincennes, des phénomènes parfois incompréhensibles à première vue se produisent assez fréquemment dans le domaine de l'urbanisme. C'est cependant l'un des incidents les plus graves auquel je me trouverai confronté – avec, dans le XVe arrondissement, la construction d'un immeuble de bureaux entreprise sans autorisation d'aucune sorte !

Les voyers, qui sont nos « yeux » sur le terrain, et qui assurent en permanence le contrôle des constructions en cours, m'ont immédiatement alerté. Dans l'urgence et à titre conservatoire, j'ai prescrit l'interruption des chantiers en cours de ce groupe dans le Xe arrondissement. S'ensuit un imbroglio juridique sans précédent, du moins dans la capitale. Des procès-verbaux ont été dressés, des procédures judiciaires engagées. Le service étudie des régularisations partielles, avec des pénalisations aux montants impressionnants. En toute logique, nous serions en effet fondés à faire détruire les constructions irrégulières, ce qui est inconcevable dans la réalité.

C'est de tout cela que vient m'entretenir la charmante et jeune avocate. Le manque à gagner est considérable pour le groupe italien qui voudrait trouver rapidement une porte de sortie permettant de reprendre la commercialisation des logements.

Dès qu'elle a eu franchi le seuil, j'ai tout de suite remarqué la mallette que mon avocate tient ostensiblement devant elle, de manière bizarre, et qu'au lieu de poser par terre à côté d'elle, elle a mis bien en évidence sur mon bureau. Je ne perds pas un instant des yeux cette mallette « tentatrice » cependant que, sur ma ligne directe, j'invite Jean Ferrari à nous rejoindre tout de suite et à m'assister durant tout l'entretien. Je ne perdrai pas de vue cette mallette tant que l'intéressée sera présente dans mon bureau. Une fois qu'elle sera repartie, dûment escortée de ladite mallette, je ferai part à mon adjoint de mes soupçons et du sentiment de malaise que j'ai ressenti.

Je puis parfaitement m'être fait des idées. A aucun moment l'attitude et les propos de cette femme n'avaient été équivoques. Il n'empêche : on n'est jamais assez vigilant. Cette manière de tenir cette mallette par-devant elle avait déclenché en moi une sorte de signal. J'avais flairé un piège, davantage qu'une tentative de concussion à laquelle je ne me serais à l'évidence jamais prêté...

⁂

Ce que j'appellerai l'« affaire Dumas » est d'une autre facture. La date est importante : l'incident survient en 1979-1980.

Le voyer du Vᵉ arrondissement m'achemine un jour un procès-verbal dressé à l'encontre d'un particulier domicilié dans un immeuble de la rue de Bièvre. Je connais bien sûr la qualité des occupants successifs de cette ruelle parisienne, depuis Tardieu jusqu'à François Mitterrand. Ce que j'ignore à l'époque, c'est que la privilégiature s'étend aux commensaux.

Mᵉ Roland Dumas me fait demander un rendez-vous rapide que j'accepte de lui fixer comme à tout un chacun.

Le cas est relativement classique : c'est un immeuble ancien dans lequel des travaux de rénovation interne sont en cours. A l'époque, cette intervention relève de la simple déclaration de travaux, sans le formalisme de l'instruction du permis de construire dès lors qu'il n'y a pas création de surface. Les services de Morland sont cependant méfiants. Ces travaux sont particulièrement surveillés. Nous sommes instruits par l'expérience. Des particuliers, voire des sociétés, abusés ou non par des hommes de l'art peu scrupuleux, profitent parfois de ces autorisations banales pour créer des planchers et ajouter des surfaces importantes à l'insu de l'administration. Or, à l'époque, toute surdensité, comme je l'ai rappelé, est passible du PLD, et, en cas d'infraction, la majoration de la taxe est automatique, au taux triple. Comme la valeur taxable est proportionnelle au prix du mètre carré du foncier dans ces arrondissements, un dépassement même minime, de quelques dizaines de mètres carrés, rue de Bièvre, peut générer une taxation fort onéreuse, compte tenu des pénalités.

Déjà connu sans doute du Tout-Paris de l'époque, Roland Dumas, dans les étages courants de l'immeuble Morland, ne jouit cependant pas de la notoriété qui s'attache aujourd'hui à son nom. Au cours d'un entretien au demeurant fort courtois, il m'explique classiquement qu'il s'est fait abuser par son architecte, qu'il n'a pas surveillé les travaux, et, sa bonne foi étant entière, qu'il m'invite à rapporter l'arrêté le taxant au taux triple. J'ai bien étudié le dossier : je lui conseille de se pourvoir devant les juridictions compétentes ou, à défaut, de se retourner contre ses architectes, ajoutant d'ailleurs qu'agissant au nom de l'Etat, je n'exerce qu'une « compétence liée » : je n'ai pas de pouvoir d'appréciation sur l'automaticité de l'assujettissement aux pénalités.

Jusque-là, tout s'est déroulé on ne peut plus normalement. J'imagine que le dossier va rejoindre le rôle du Tribunal administratif de Paris.

Un jour, cependant, à l'issue d'une réunion dans son bureau, l'un des représentants de l'Etat à la Préfecture de Paris me prend à part. A mots couverts, il me fait comprendre qu'il serait convenable que soit rapporté l'arrêté que j'ai fait signer, M. Dumas, me dit-il, étant bien connu du Maire. L'arrêté ayant été pris au nom de l'Etat, je n'ai aucune peine à faire valoir à mon interlocuteur que son représentant à Paris – c'est-à-dire lui-même ! – peut le rapporter à n'importe quel moment s'il estime justifié de le faire. Réponse du berger à la bergère...

Cette affaire prenant pour moi un tour inattendu, j'en réfère à l'occasion à Camille Cabana pour qu'il en touche un mot à Jacques Chirac. J'apprends alors incidemment que Roland Dumas s'est présenté contre le Maire dans son fief de Corrèze, ce que j'ignorais. Ce qui n'a d'ailleurs rien à voir, on l'aura compris, avec l'affaire pour laquelle il s'est fait épingler !

Il n'y avait en définitive que deux manières d'esquiver la pénalisation au taux triple : soit intenter une action devant la juridiction administrative en vue d'obtenir l'annulation du titre de recette émis au nom de l'Etat – tentative toujours aléatoire et périlleuse, mais permettant de gagner du temps ; soit (ce qui n'est pas contradictoire) entamer des démarches gracieuses auprès des autorités administratives pour obtenir l'admission du titre « en non-valeur », c'est-à-dire l'amiable renonciation par l'Etat au recouvrement. Dans le cas d'espèce, j'ignore en définitive ce qui a été décidé par l'intéressé, mais le mécanisme est révélateur des possibilités qu'offre une bonne connaissance du système et des voies de solution qu'il ouvre aux initiés.

⁂

Au cours de cette période, deux très importants projets sortent de la routine ; je suis amené à m'en occuper personnellement.

D'une part, place du Colonel-Fabien, le Parti communiste érige son nouveau siège. L'architecte est internationalement connu : il s'agit d'Oscar Niemeyer. Le geste architectural est majestueux, la création artistique remarquable. Malheureusement, l'édification d'une vaste salle en sous-sol, sous la cour, éclairée par un dôme, entraîne une surdensité importante et donc coûteuse. Je mène des discussions très rudes avec le président-directeur général de la SCI de la place du Colonel-Fabien, promoteur du projet. Il s'agit de Gaston Plissonnier, membre du Bureau politique du Parti. En définitive, la note à acquitter au titre du dépassement de PLD s'élève, si j'ai bonne mémoire, à environ 1,5 million de francs. En dépit des démarches du PC, le titre sera bien entendu émis. A l'évidence, le Parti communiste n'entendait en aucun cas acquitter cette contribution au système capitaliste... Mais cela est une autre histoire.

L'autre projet-phare de la municipalité que nous portons sur les fonts baptismaux est le Palais omnisports de Paris-Bercy (POPB). Ce dossier, d'une extrême complexité, a été retenu au terme d'un concours d'architecture. C'est l'équipe Andrault et Parat qui a été choisie. Outre les problèmes soulevés par l'octroi du permis, notamment au regard des impératifs de sécurité, je suis chargé d'animer une petite équipe « pointue » pour évaluer le coût prévisible de l'exécution du projet. Au terme d'une étude fouillée, nous concluons à une dérive finale importante par rapport aux évaluations initiales. Effrayé par l'ampleur du « trou » ainsi découvert, l'équipe municipale préférera s'en tenir officiellement aux 100 millions du chiffrage initial. En définitive, le coût réel sera même supérieur à celui que nous avions réévalué. En haut lieu, on cachera l'existence de cette étude, passée à la trappe. Au demeurant, le POPB, en dépit de son coût élevé, se révélera une excellente affaire commerciale et un choix urbanistique de première valeur.

⁂

J'en viens à l'un des aspects les plus intéressants de mon travail de l'époque. Au niveau où je suis placé, je dispose d'une réelle marge de liberté. Celle-ci me permet de peser en toute responsabilité sur les choix de la municipalité, en infléchissant certaines décisions en matière d'urbanisme.

Une nouvelle génération arrive alors aux leviers de commande. Plus ou moins confusément, nous sommes en situation de rupture par rapport à nos prédécesseurs. L'urbanisme qui nous a précédés était un urbanisme d'ingénieurs. Il y a eu la reconstruction du pays, qui s'est faite dans l'urgence. Puis l'accueil des rapatriés. On a entassé pour loger. A la fin de cette décennie 1970, pour la première fois depuis longtemps, aucune contrainte de cet ordre ne se fait plus sentir.

Je me souviens de ma tristesse en 1958, quand, jeune étudiant, hébergé à la Cité universitaire du boulevard Jourdan, je débarquai dans cette ville aux façades noircies que Malraux allait bientôt faire ravaler. Où donc était la Ville-Lumière ? Dix ans plus tard, 1968 met un terme à l'urbanisme sans âme des ZUP, avec leurs tours et leurs barres inhumaines. Je revois néanmoins encore la longue litanie de projets de ZAC que j'examinai au Trésor dans les années 1974-1976, avec leur cortège de monstruosités exemplaires. En 1978, l'état d'esprit a fondamentalement changé. Nous sommes désormais plus soucieux du respect des modénatures des façades anciennes des immeubles haussmanniens que des grands projets d'urbanisme. Et des aménités de la vie quotidienne. Certes, les tours et les barres continuent d'avoir cours. Mais leur gigantisme absurde a été revu à la baisse. La saignée de la voie sur berge Rive droite a été abandonnée. Les Halles ont été transférées à Rungis, ouvrant la voie à un réaménagement à l'échelle humaine du centre de Paris. La radiale Vercingétorix et tout le projet autoroutier du canal Saint-Martin ont été définitivement abandonnés. L'urbanisme présidentiel à la Pompidou ou à la de Gaulle a cessé de prendre Paris pour terre de mission et de démonstration.

L'autonomie municipale ouvre la voie à un véritable urbanisme à l'échelle des Parisiens. La volonté de nouveauté est générale. En tant que sous-directeur de la Construction, j'ai été frappé par l'atonie, le conformisme de la plupart des projets ; scandalisé par la répétition indéfinie des balcons défilants... On sent confusément qu'un nouveau jour est en passe de se lever et qu'il faut en profiter.

Les hommes chargés de la politique d'aménagement urbain ont eux aussi changé. Une nouvelle génération assure la relève. Plus modeste, plus près des réalités. Pierre-Yves Ligen, à la tête de l'Atelier parisien d'urbanisme, appartient au Conseil d'Etat ; mais c'est surtout un aménageur, avec les pieds sur terre. Jean-Claude Jolain, le directeur de la Construction, mon patron direct, vient du ministère des Finances, et accessoirement du cabinet du Maire ; c'est un esprit imaginatif et déterminé. Nous avons pour la plupart moins de quarante ans.

A l'époque où je m'occupais d'urbanisme au Trésor, j'avais fait la connaissance de Michel Lombardini. A mon retour à la Ville, il est devenu l'un des patrons de la Régie immobilière de la Ville de Paris (RIVP). Cette société, l'une des principales sociétés d'économie mixte de la Ville, constitue l'un des tout premiers donneurs d'ordres sur le marché architectural parisien. Collectionneur éclectique de tableaux modernes, Michel Lombardini a un sens inné de l'innovation. Loin des vieilles lunes du milieu architectural, il est sans cesse à la recherche de talents nouveaux. Le Plan-construction, une structure montée par le ministère de l'Equipement pour encourager la création architecturale, commence à produire ses effets. Nos discussions sont souvent passionnées, toujours confiantes. Nous partageons fréquemment la même manière de voir. Sa société organise des concours en vue de la sélection de projets. Ès qualités, il m'arrive de siéger au jury.

Villa des Ternes, avenue de Verzy, dans le XVIIe arrondissement, nous montons ainsi ensemble un programme de « maisons de ville » pour la première fois dans Paris depuis la guerre. Pour rendre le projet réalisable, je prends sur moi d'accorder la dérogation nécessaire. Car tel était aussi mon pouvoir, même s'il était beaucoup plus d'empêcher que de faire. Ce programme obtiendra un grand prix d'architecture et contribuera à révéler toute une génération nouvelle de jeunes architectes de talent.

Comme toujours lorsqu'on s'écarte des sentiers battus, cette initiative nous vaudra aussi quelques sérieux ennuis. De bons esprits réclameront la tête de Lombardini. Les élus du XVIIe arrondissement ne demeureront pas en reste. Je devrai justifier auprès de Camille Cabana la dérogation accordée.

Je soutiendrai mordicus l'initiative que j'ai prise avec le patron de la Régie.

Michel Lombardini nous convaincra bientôt de définir des mini-périmètres d'étude dans l'urbanisme existant – sans perspective d'opération d'aménagement immédiate. L'objectif est de réédifier la ville sur elle-même, en évitant au maximum les opérations traumatisantes (alignements, percements de voies, etc.). Tout le contraire d'Haussmann : donner la priorité à la préservation des bâtiments préexistants. Des architectes-conseils seront désignés pour reconnaître le terrain, dresser le relevé des immeubles intéressants, etc., créer en quelque sorte de toutes pièces un mini-POS de quartier, de nature à préparer ultérieurement une transformation insensible de la Ville. François Grumbach sera l'un des premiers architectes désignés pour effectuer un tel travail dans le XXe arrondissement. Je dois à l'honnêteté de dire que cet infléchissement n'aurait sans doute pas été possible sans l'ouverture d'esprit et la détermination tranquille de Jean-Claude Jolain, mon patron de l'époque, le directeur de la Construction, auquel j'expose nos idées et nos projets.

Avec l'aide de Michel Lombardini, je fais transformer une usine désaffectée, rue Curial et rue de Cambrai, dans le XXe, en programme d'accueil d'ateliers pour jeunes artistes. C'est une grande première à Paris : je devrai me battre contre le service et emporter sa conviction. Une fois encore, la vieille maxime de Foch prévaudra contre l'attentisme des voyers : « Ce n'est pas parce que le règlement militaire est idiot qu'il ne faut pas l'appliquer intelligemment »... En fait, le POS n'a pas prévu ce type de désaffectation qui, une fois le mouvement amorcé, va permettre de développer pour la première fois une politique de création de « lofts » dans Paris. L'architecte-voyer général, Michel Prédines, me prêtera son appui sans condition, une fois convaincu de l'intérêt et du bien-fondé de cette orientation.

En 1979, le Maire décide de lancer de premières études en vue de mettre sur pied un « POS de la publicité » à Paris. Ce domaine est encore cahotique et imprécis. Tout est à défricher. Fleurissent des initiatives individuelles et sauvages qui nous placent parfois devant le fait accompli. Jacques Boitraud, conseiller d'Etat, spécialiste de ces questions, est chargé par Jacques Chirac de présider une commission destinée à réunir professionnels et administration pour faire des propositions. Désigné comme rapporteur naturel, j'assure le travail en équipe avec un jeune attaché du bureau de la publicité qui passera bientôt avec succès le concours de l'ENA, Jean-Philippe Vacchia. Le rapport déposé servira de corps de doctrine pour l'élaboration d'un POS de la publicité à Paris.

Le bureau du financement de la construction assure le suivi des « programmes aidés » dans la capitale. L'objectif du Maire est de livrer 5 000 logements sociaux par an dans Paris. C'est donc une priorité politique éminente. Le bureau du financement de ma sous-direction est chargé de suivre les dossiers présentés par les organismes de construction sociale. Or, j'assiste à une entreprise délibérée de sabotage de l'effort entrepris.

En France, le logement social est financé sur les crédits de l'Etat. Le travail de la sous-direction consiste donc à agréer les programmes préparés par les constructeurs sociaux et à les présenter aux services préfectoraux qui accordent les financements. Je m'aperçois que nos efforts sont systématiquement entravés par un ingénieur que mon prédécesseur a commis l'imprudence de nommer à ce poste clé en 1977, au moment de la création de la Mairie nouvelle, quand le personnel préfectoral, après option, a été réparti entre la Mairie et la Préfecture. Cet agent trouve toujours quelque chose qui ne va pas dans les dossiers présentés. Et il les refoule systématiquement, occasionnant des retards et des rejets souvent parfaitement injustifiés. Quels que soient nos efforts auprès de la Préfecture où l'un de mes collègues, Bernard Malgras, est mon homologue, nous ne parvenons pas à neutraliser l'individu en question ni à le déloger. J'apprendrai plus tard que cette « taupe » stalinienne a été « activée » pour nous mettre des bâtons dans les roues...

En fin d'année, quelle n'est pas ma surprise de recevoir des cartons de caisses de vin et de champagne par dizaines. C'est, m'explique-t-on, une tradition dans le service. Je fais entreposer tous ces cadeaux dans une réserve qu'elle remplit à ras bord. Une lettre type de remerciement est adressée aux auteurs de ces munificences. Puis j'organise une tombola au niveau du personnel de la sous-direction pour Noël. Pendant les trois ans que je passerai à la tête de la sous-direction, cet usage perdurera – j'imagine, à la grande satisfaction de tous...

***

Fin 1979, l'intermède se termine. Alain Juppé, alors au cabinet du Maire et qui s'apprête à succéder à Paul Reverdy à la direction financière, me fait pressentir pour devenir son adjoint en qualité de sous-directeur des Finances. En fait, je ne resterai à ses côtés que durant l'année 1980. J'aurais mauvaise grâce à ne pas reconnaître l'extraordinaire limpidité de son intelligence. Et ce que je lui devrai par la suite dans la carrière que j'ai pu faire. C'est un homme d'une parfaite loyauté.

Il me semble en revanche qu'il n'aura pas eu – même vingt ans après – le temps de se forger un caractère. Je n'en veux pour preuve que sa mise à l'écart par l'équipe Tiberi alors qu'à mon sens, il eût fait un excellent maire de Paris. Probablement n'avait-il pas, n'a-t-il toujours pas assez souffert pour faire la démonstration des qualités qu'on est en droit d'attendre d'un véritable homme d'Etat. Une brève anecdote illustrera mon propos :

Une tradition a été inaugurée sous le règne de Paul Reverdy. Un peu à l'image des équipes concourant pour la Coupe du Monde qui, de nos jours, se retirent au calme en vue de préparer dans la sérénité un match crucial, une fois l'an, en janvier-février, le bureau du Budget se mettait au vert (ou au « blanc ») durant une semaine pour préparer les premières esquisses du budget de l'année suivante. Le déplacement et le séjour s'effectuaient sans aucune contribution particulière du budget municipal, la dizaine d'agents d'encadrement payant de leur poche leurs frais du séjour. En 1980, à mon retour à la direction financière, cette sympathique coutume perdure. Alain Juppé l'a maintenue après qu'il eut quitté le cabinet du Maire pour prendre la direction des Finances. En février, tous les membres de l'équipe budgétaire – une dizaine, directeur et sous-directeur compris – s'installent donc en célibataires dans un hôtel de Morzine : ski le matin et l'après-midi, travail à partir de 16 heures jusqu'au dîner.

Par souci d'économie, Alain Juppé et moi partageons la même chambre. C'est l'occasion de faire plus ample connaissance. Juppé est un garçon simple, d'un abord réservé, plutôt sympathique. Il n'affiche pas du tout la morgue et la raideur qui lui feront tant de tort à Matignon en 1996-1997. Un soir, nous échangeons tranquillement des idées hors la présence de nos collaborateurs. En veine de confidences, il me relate les déconvenues de sa première campagne politique. Il s'est en effet présenté sans succès aux législatives de 1978 dans le Sud-Ouest, à Mont-de-Marsan, sa patrie d'origine. Cette campagne a été la première qu'il ait menée avant de se faire élire à Paris en 1983. Chacun sait que cette région du Sud-Ouest accueille la plupart des unités aéroportées françaises. Il sait, parce que je le lui ai dit, que j'ai déjà sauté en parachute.

« Figure-toi, me dit-il, que j'ai été invité à venir faire un petit exposé devant une amicale d'anciens parachutistes... »

Je prête une oreille d'autant plus intéressée que cette confrérie m'est familière.

« A la fin de ma visite qui s'est passée très gentiment, poursuit-il, l'un d'entre eux s'est approché, plutôt sympathique : "Que diriez-vous, monsieur Juppé, si on vous organisait un saut en petit comité, un de ces jours ?" »

Vaguement amusé, sachant – parce qu'il me l'a lui-même raconté – qu'il a effectué son service dans les « rampants » de l'armée de l'air, c'est-à-dire dans les unités chargées de la protection des bases aériennes, et qu'il faut un certain culot pour accepter de sauter à l'aveuglette sans aucun entraînement, je l'interroge avec une moue dubitative :

« J'espère que tu t'es dégonflé ? Qu'est-ce que tu as répondu ?

– Que j'étais bien sûr d'accord et à leur disposition. »

Dans mon for intérieur, j'avoue que je suis plutôt admiratif. Cela ne manque pas de panache de la part d'un novice. Je m'enquiers de la suite.

« Quelque temps plus tard, mon secrétariat m'a prévenu qu'ils avaient téléphoné et que le saut était programmé pour le samedi suivant, si j'étais toujours d'accord.

– Tu y es allé ? » lui demandé-je, un rien moqueur.

Le sourire s'est fait amusé, comme s'il s'agissait d'une bonne blague :

« Penses-tu ! Bien sûr que non. Je leur avais dit ça comme ça. Et puis, j'ai perdu les choses de vue. Ils ont eu tort de le prendre sérieusement. Je ne me suis même pas décommandé. Je n'y suis pas allé. »

Je reste interloqué. Personnellement, j'aurais sauté plutôt deux fois qu'une, voire sans parachute !

L'espace d'une seconde, je revois le visage pitoyable de deux-trois camarades morts de trouille qu'on extrayait à coups de pompes d'un vieux Junker qui venait de se poser sur le terrain de Vannes. Tout cela parce qu'au moment de sauter, il n'y avait rien eu à faire pour leur faire franchir la porte. Dans leur dos, le sergent instructeur avait accroché l'infamante pancarte : « Je suis un lâche, je n'ai pas eu le courage de sauter... »

⁂

Fin 1980, Alain Juppé me prend à part. Il a l'air un peu embarrassé. Voilà moins d'un an que nous travaillons quotidiennement ensemble. Il me dit :

« Le Maire envisage de démanteler la direction des Affaires scolaires, de la Jeunesse et des Sports en créant deux directions de plein exercice, l'une consacrée aux Affaires scolaires, l'autre à la Jeunesse et aux Sports. Le Maire songe à toi pour prendre la direction du scolaire. Qu'en penses-tu ? Jean-Marc Divisia prendrait en charge Jeunesse et Sports »

Je sais que l'offre est à saisir, le train à prendre. N'ayant jamais été candidat à une quelconque fonction, je suis tout content d'être pressenti. Ce mouvement est d'ailleurs logique. Au niveau de l'Etat aussi, le secteur Jeunesse et Sports est sorti du giron de l'Education nationale pour constituer un portefeuille ministériel. Il n'y a pas de raison que les collectivités locales importantes ne calquent pas leur organisation sur celle de l'Etat. Compte tenu de mes passages successifs dans le secteur scolaire – d'abord entre 1966 et 1969, puis à nouveau en 1976-1977, à mon retour de « mobilité » – et de mon bagage budgétaire, je sais que je suis préqualifié pour exercer une telle responsabilité.

Je donne donc mon plein accord, tout en regrettant de ne pouvoir parachever ma tâche au sein de la direction financière où je serai remplacé par Danielle Tartanson. Je suis aussi assez triste de quitter la petite équipe de collaborateurs d'une rare qualité que j'avais réunie autour de moi.

A partir du 1er juillet 1981, ma première tâche consiste donc à monter une structure nouvelle à partir d'une structure existante divisée en deux entités distinctes, avec tous les problèmes de découpage d'attributions, de répartition de moyens, d'affectation de personnels qui vont avec. Fort heureusement, les choses se passent fort bien avec mon collègue Divisia, sous-préfet, qui partage mon souci d'arrondir les angles et d'éviter les conflits. En fin d'année, les problèmes sont à peu près réglés.

J'ai en outre la chance de retrouver Maurice Jouet qui m'a succédé comme sous-directeur quand j'ai été nommé à la Construction, en mars

1977. Jouet tient la sous-direction la plus lourde, celle qui s'occupe de tout l'équipement et des travaux dans les établissements scolaires. L'intéressé appartient à la vieille école : travailleur infatigable, peu comptable de son temps, au bureau s'il le faut des week-ends entiers, ses dossiers sont ficelés avec soin, jusqu'à la minutie. Il possède de surcroît à mes yeux un atout essentiel : au ministère de l'Intérieur, il a longtemps géré les mécanismes de répartition des aides financières de l'Etat aux collectivités locales. Il s'agit là d'une extraordinaire « usine à gaz » qui n'a pas son équivalent dans l'administration française et qui qualifie son titulaire pour affronter les tâches les plus ardues. C'est un spécialiste des problèmes de péréquation : il n'a pas son pareil pour débrouiller un écheveau de situations parfaitement inextricables pour le commun des mortels. Je sais qu'il bénéficie aussi de l'entière confiance de Camille Cabana et de Robert Pandraud, ce qui m'est précieux.

Ainsi « bordé » du côté des travaux dans les écoles, je puis reporter toute mon énergie sur le secteur de la vie scolaire et parascolaire.

D'expérience, je sais que c'est là que le bât blesse. L'Education nationale est un milieu fermé, centralisé, ultra-hiérarchisé, volontiers caporalisé. Très frondeur aussi, enclin à la critique systématique, d'une parfaite mauvaise foi si nécessaire, prisonnier de syndicats conservateurs et rétrogrades, souffrant en outre d'un manque de considération criant de la part de sa propre hiérarchie au sein de l'Etat.

Je dispose de deux atouts : un dessein politique et des moyens financiers. Mon objectif est de renverser chez mes interlocuteurs leur tendance à l'hostilité de principe. Puis, une fois gagnée leur confiance, d'en faire des partenaires de la municipalité en créant avec eux un courant à la fois sympathique et constructif. Je sais qu'à la Mairie, j'en aurai les moyens, car je dispose du soutien du Grand Argentier, Alain Juppé, et de l'appui politique du Maire lui-même que Cabana et Pandraud ont convaincu de la pertinence de mon analyse.

Napoléon avait coutume de dire qu'il n'est d'autre moyen de sortir d'une situation difficile qu'en commettant une faute. Je vais, pour mon bonheur, le vérifier. Dès ma prise de fonction, j'apprends que, par manque de temps, mon prédécesseur ne reçoit jamais individuellement les directions d'école. Imprudemment, je m'arrange pour faire savoir que je recevrai personnellement et très volontiers toutes les directions d'établissement qui en feront la demande. Cette idée apparaît comme un coup de génie. Ce milieu est un microcosme où le « téléphone arabe » fonctionne à merveille ; de ce jour, la curiosité aidant, mon secrétariat est assailli de demandes de rencontres auxquelles je donne suite, que ce soit sur place ou à mon bureau. Rarement frustrantes, elles sont toujours intéressantes. Il m'arrive de rencontrer des chefs d'établissement qui n'en reviennent toujours pas d'avoir pu à leur guise converser à bâtons rompus avec un « uniforme » de mon niveau. Ils sentent bien que je ne suis pas dénué d'arrière-pensées. Ma grande force est que personne de ce rang, appartenant à l'Education nationale, ne soit jamais venu les voir. Du coup se crée entre nous un certain courant de sympathie mutuelle. De mon côté, j'accumule une mine d'informations de première main, vérifiées aux meilleures sources, que je synthétise à l'usage de Camille Cabana et des « politiques ».

La tâche est si absorbante que je n'en serais probablement jamais venu à bout tout seul si le hasard ne s'était mis de mon côté. A partir de mai 1981 – comme quoi, l'« alternance » n'a pas que de mauvais côtés –, Camille Cabana m'envoie deux éléments de valeur, deux jeunes sous-préfets en rupture de ban. Je leur confie deux sous-directions de plein exercice, l'une dite de la Vie scolaire, dont je charge Pierre Breuil, l'autre des Activités périscolaires, qui échoit à Jean-François Béraud. Notre connaissance de nos interlocuteurs s'affine au rythme des entretiens que nous avons avec eux et de nos visites dans leurs locaux. D'expérience, je sais que la partie sera gagnée le jour où la Mairie, contrairement à l'Education nationale, arrivera à régler les problèmes courants des écoles. Outre un bon climat scolaire, une direction d'école satisfaite signifie des parents d'élèves ouverts et bien disposés à l'égard de la municipalité.

Le handicap à remonter est tel que je suis le premier surpris des conséquences de cette politique de présence sur le terrain, au plus près des réalités. Si incroyable que cela puisse paraître, nous réglons des problèmes jugés auparavant insolubles. Par exemple, l'installation d'une échelle dans chaque école pour éviter que le factotum ou l'ouvrier d'entretien qui vient changer une ampoule ne doive retourner à l'atelier quérir cette échelle lorsqu'il s'est aperçu que la hauteur sous plafond est trop élevée pour qu'il puisse intervenir... Ou encore : les ouvriers, à la demande des syndicats, refusent de décliner leur identité sur la main courante de l'école ; mon premier geste, en arrivant dans un établissement, est donc de la remplir systématiquement ; le directeur l'ayant remplie, les ouvriers suivent... Et le tout à l'avenant !

Dans ma tâche, François Olry Collet, adjoint au Maire chargé de l'Enseignement, m'apporte son entier soutien. Soucieux d'être tenu au courant, il se garde d'interférer dans la vie quotidienne du service, me faisant confiance. Officier de marine, c'est un esprit pratique, prompt à la décision, qui ne s'embarrasse pas de petites précautions. Ayant beaucoup bourlingué dans sa vie, il ne se laisse pas impressionner. C'est un homme d'honneur et de fidélité. Très vite s'instaure entre nous une respectueuse complicité, nuancée d'une réelle admiration de ma part.

Nul n'étant parfait, l'adjoint au Maire a cependant le défaut de ses qualités : dans ce milieu florentin, truffé de chausses-trapes, il mésestime parfois l'effet de son franc-parler. Je m'emploie à rattraper l'impact fâcheux de certaines de ses réactions épidermiques, suivies de déclarations à l'emporte-pièce. Sans compter que son passé d'officier de marine le conduit parfois à adopter des conduites peu compréhensibles pour le commun des civils. Dans l'armée, on dirait volontiers de lui que c'est une « culotte de peau » : à cheval sur les usages, avec lui on « rend compte », un supérieur « informe » un subalterne, cependant que ce dernier le « tient informé », etc. Par principe, il ne participe jamais à une réunion qu'il ne préside, ce que je compense en prenant sur moi de le remplacer chaque fois que l'occasion s'en présente.

Nous partageons la même conviction que la réputation d'hostilité prêtée au milieu éducatif à l'égard de la Mairie relève de la malveillance intéressée de nos adversaires. Que cette prévention, si tant est qu'elle existe, peut être désarmée sans dommage, à condition d'accorder à nos partenaires l'écoute et la considération qu'ils méritent. Nous ne négligeons aucun détail. En particulier, chaque mois, nous passons de longues heures ensemble à sélectionner attentivement les candidats aux loges de concierge dans les écoles. Des recommandations militantes nous sont certes adressées par les maires d'arrondissement ; mais, à l'époque, les problèmes d'insécurité pèsent autrement plus lourd dans nos choix. En conséquence, nous donnons la préférence à des profils utiles : nous allons par exemple jusqu'à nous renseigner sur les états de services militaires des époux des concierges. Grâce au concours de la Préfecture de Police, nombre de gardiens de la paix trouvent ainsi l'occasion d'être logés dans Paris. D'autant plus que la bonne tenue d'une loge constitue la première vitrine de la Ville aux yeux des parents d'élèves et des enseignants.

Avant de mourir prématurément, François Collet aura rendu un double service à Jacques Chirac : il accepte de se désister de son poste de sénateur pour que l'amiral de Gaulle puisse l'occuper ; et, en bon soldat, il reprend en main la mairie du VIe arrondissement après que Pierre Bas a cru devoir passer avec armes et bagages dans le camp de Raymond Barre. Peu avant la disparition de son épouse, puis la sienne, il aura eu la dernière joie de retrouver son fauteuil au Palais du Luxembourg.

Durant cette période, je siège régulièrement au conseil d'administration de l'Ecole supérieure de physique et chimie de la Ville, installée dans le Ve arrondissement. Là encore, Paris est à la pointe du progrès : c'est une des rares communes françaises à disposer d'un établissement d'enseignement supérieur. Et de quelle qualité ! L'établissement, fondé par Langevin et les époux Curie, nous est envié. Cette anomalie nous vaut parfois des tentatives de retour intéressées dans le giron des Universités. *A contrario*, certains élus ne voient pas bien l'intérêt de conserver cette école qui coûte, il est vrai, une trentaine de millions de francs annuels à la municipalité. J'arriverai cependant à convaincre le Maire de garder l'école dans le giron municipal. Bien m'en prendra, car l'équipe de Pierre-Gilles de Gennes obtiendra bientôt deux prix Nobel de physique, portant haut et fort l'étendard de la Ville, et, en retour, lui donnant une formidable publicité.

Les contraintes dans lesquelles nous nous débattons comportent néanmoins certaines marges d'initiative qu'il m'appartient d'exploiter. Quelques projets me tiennent tout particulièrement à cœur :

Une école du centre, dans l'île Saint-Louis, regroupe un enseignement spécifique aux enfants trisomiques parisiens. Je fais en sorte qu'un maximum de moyens soient accordés aux ateliers dont dispose l'établissement. Cette école étant située à proximité de mon bureau, chaque fois que je le peux, je m'y rends personnellement pour rencontrer les équipes enseignantes et les parents. J'apprends notamment que l'escalade, par l'apprentissage des gestes de sécurité qu'elle requiert, peut contribuer à faciliter l'assimilation du monde extérieur par ces enfants handicapés. En tant qu'alpiniste, je suis d'ailleurs convaincu depuis longtemps que c'est la main qui a formé le cerveau, et non l'inverse. En catimini, je fais venir des Alpes une équipe d'amis, guides de haute montagne, pour reconnaître les murs pignons découverts dont nos écoles sont propriétaires, et que, sans trop de difficultés, nous pourrions équiper en murs d'escalade. Il s'agit là encore d'une industrie balbutiante. Nous tentons aussi une expérience aux Buttes-Chaumont ; elle n'aboutira pas, les parois en stuc des montagnes artificielles se révélant constituées d'un matériau trop fragile pour se prêter à de tels aménagements. Quelques années plus tard, inaugurant le premier mur d'escalade réalisé dans une école, Jacques Chirac s'étonnera de cette initiative et demandera à qui il convient d'en attribuer la paternité.

Modestement, à mon niveau, j'aurai à cœur de tenter d'infléchir les courants les plus réactionnaires au sein du milieu scolaire. Paris développe une sorte de ségrégation sociale soigneusement et subrepticement entretenue par les syndicats qui contrôlent le mouvement des personnels. Il existe une carrière des directrices qui fait que l'on commence par la périphérie, puis, par cercles concentriques, les années passant, on se rapproche du centre. Les directrices et les enseignantes les plus expérimentées, notamment dans le préélémentaire, n'ont d'autre objectif, par le jeu des mutations, que d'obtenir un poste « au calme », dans les écoles du centre réputées plus tranquilles. Etrangement, les plus jeunes éléments, heureusement aussi les plus motivés, sont envoyés au sortir de l'Ecole normale dans les quartiers les plus difficiles. Préfigurant la politique des zones d'éducation prioritaire, je bombarde François Collet et Camille Cabana de notes incendiaires soulignant les priorités à infléchir. Je réclame un « front à têtes renversées » : plutôt que saupoudrer nos moyens au gré d'un égalitarisme de façade, préférer concentrer les crédits sur les écoles de la périphérie qui en ont le plus besoin. Dès 1981, je plaiderai pour une « priorité à l'est », nécessaire au rééquilibrage de la Ville, préalable à la reconquête politique des familles des quartiers défavorisés.

Un journaliste du *Canard enchaîné* m'appelle.

Dans le XIXe arrondissement, la Ville s'apprête à financer une école maternelle où dix-neuf nationalités différentes vont être accueillies. C'est un vendredi : le dossier vient devant le Conseil de Paris le lundi suivant. A ma stupéfaction, le journaliste me lit au téléphone la note de visa rédigée par Jean-Claude Jolain, directeur des Finances. Ce dernier, dans son rôle, estime anormal que la Ville finance une école dont l'effectif est pour l'essentiel étranger. Comment ce document ultra-confidentiel a-t-il pu parvenir entre les mains du journaliste ? Au risque de paraître être l'auteur de la fuite, dès que je reçois la note de visa, je mets en garde le secrétaire général sur l'usage intempestif qui pourra être fait de cette déclaration malencontreuse. L'enquête administrative, immédiatement déclenchée, révélera qu'un des subordonnés de Jolain, jeune attaché, choqué par le contenu de cette note, l'a lui-même communiquée à la presse. Il sera réintégré séance tenante dans son corps d'origine, l'Intérieur.

Au cours de l'été 1982, le roi d'Arabie Saoudite contacte Jacques Chirac. Il voudrait que deux de ses jeunes enfants partagent pendant un mois la vie des petits Parisiens de leur âge. Le Maire songe immédiatement aux centres aérés de la Ville. En liaison avec l'ambassade, je suis donc chargé d'organiser ce séjour en toute sécurité. Expérience unique, pour ces jeunes princes, que de connaître incognito la condition de leurs petits camarades français qui ne sont pas, il faut bien le dire, parmi les plus favorisés !

Une directrice de collège m'appelle. Elle insiste pour me parler personnellement. Je suis surpris, car il s'agit d'un établissement d'un arrondissement privilégié qui ne connaît pas de problèmes particuliers.

« Monsieur le directeur, des policiers se sont présentés ce matin. La présidence de la République les envoie. Ils sont chargés, à ce qu'ils m'ont dit, d'assurer la protection d'une élève... »

Je demande quel service de police l'a contactée. Surprise : ce n'est pas le commissariat de quartier, mais des inspecteurs appartenant à la DST. Je m'enquiers du motif : l'enfant ferait, paraît-il, l'objet d'un chantage, ainsi que sa famille. Pour finir, je demande le nom de l'enfant, qui n'évoque rien de spécial pour moi. Je pourrais entrer directement en contact avec mes collègues de la Préfecture de Police, puisque j'appartiens moi-même au ministère de l'Intérieur. Après réflexion, je préfère cependant prévenir Camille Cabana. Un peu plus tard, le secrétaire général me rappelle :

« Quémar, reprenez contact avec la directrice. Dites-lui qu'elle nous tienne au courant. Pas un mot à qui que ce soit. Cette Mazarine Pingeot est l'enfant naturelle du président Mitterrand. »

Je n'en entendrai plus reparler. Il semble que des personnes peu scrupuleuses avaient essayé de s'en prendre à François Mitterrand au travers de sa fille adolescente. Pour notre part, bien que nous ayons été quelques-uns à être informés, nous garderons scrupuleusement le secret.

En mars 1983, un nouvel élu est chargé de

« chapeauter » le secteur scolaire : Dominique Padovani, dit « Pado », devient le nouvel adjoint chargé des Affaires scolaires. Il succède à François Collet, désormais chargé de l'Assistance publique. Dominique Pado appartient à l'UDF. La coalition municipale qui vient de l'emporter est allée à la bataille sous le mot d'ordre de l'union. Pour la récompenser, Jacques Chirac a décidé de faire alterner un adjoint RPR et un adjoint UDF.

« Pado » est surtout un journaliste de renom. Elu sénateur, il a abandonné son rôle d'éditorialiste au *Figaro*. Par contre, sa plume continue de s'exercer avec talent dans un obscur journal de province, *La Haute-Marne libérée*, dont les éditoriaux signés de son nom sont régulièrement repris dans la presse nationale. Je m'entends fort bien avec lui. D'une exceptionnelle intelligence, toujours souriant, il ne s'embarrasse pas du même sens des détails que son prédécesseur. J'ai véritablement carte blanche. Une fois par semaine, il m'attend chez Ledoyen où il tient table ouverte et où nous réglons les affaires que je crois devoir lui soumettre. Le rituel est immuable : déjà malade, il se contente d'une tranche de jambon et d'une part de melon, tout en m'exhortant à apprécier les richesses de sa table de prédilection.

(Je retouverai Ledoyen en 1984 quand il sera question de le vendre à l'équipe Pierre Bergé-Alain Minc. La Ville, propriétaire du sol sur lequel est édifié l'établissement, a décidé de faire barrage à cette tentative de reprise et préconise une solution confiée plutôt à Régine. A l'époque, je récupérerai deux chefs de rang licenciés lors du changement de concessionnaire et leur demanderai de monter le Lutèce, restaurant de prestige qu'en tant que responsable des restaurants de la Ville je ferai ouvrir pour les besoins d'accueil de l'administration municipale...)

Dominique Pado est un gros travailleur. Il m'arrive de le joindre à son bureau du Sénat le samedi ou le dimanche. Il entretient des liens spéciaux avec Jacques Chirac, notamment en raison de ses qualités proprement divinatoires en matière électorale. En 1983, il est de ceux – rares – qui prophétiseront la réalisation du « grand chelem », alors que la victoire de Jacques Toubon dans le XIIIe arrondissement constituera véritablement pour tout le monde une surprise inattendue. Je suis toujours étonné par la multitude de contacts qu'il entretient dans les milieux les plus divers et parfois les plus opposés. Un jour, il m'explique que l'institution la plus importante de la République, et probablement la plus méconnue, est l'Amicale des parlementaires corses. Une fois par mois, toutes tendances politiques confondues, ces derniers se réunissent au restaurant pour régler ensemble les affaires de l'île et, accessoirement, celles du continent. Je découvre ainsi des connivences que je n'aurais jamais soupçonnées.

A l'occasion du premier scrutin européen, en 1983, des gauchistes occupent une école du XIIIe arrondissement et, malgré toutes les tentatives de conciliation, l'avant-veille du scrutin, l'école est toujours occupée. Or, les établissements scolaires servent traditionnellement à Paris de bureaux de vote. Force devant rester à la loi, il va donc falloir faire évacuer les lieux *manu militari*. A l'époque rôdent encore les fantasmes et menaces réelles liés à « Action Directe », et les services de police avec lesquels je suis en contact paraissent hésiter et s'interroger sur la dangerosité des occupants de l'école. Quoi qu'il en soit, le samedi matin, veille du scrutin, à l'heure du laitier, je me présente à l'entrée de l'établissement. Je suis accompagné du commissaire de police du quartier. Derrière nous, une compagnie de CRS attend les ordres à bord de véhicules. Partant du principe qu'il suffit souvent de montrer sa force pour ne pas avoir à s'en servir, je me présente seul, sans escorte policière, sur le seuil de l'école. Arrivé devant les contestataires, je sors de ma poche la lettre de mission que j'ai reçue du préfet, qui mande et ordonne l'évacuation sans délai : les élections sont en effet organisées au nom de l'Etat. Je les laisse libres de s'en prendre à moi tout en leur signalant que si, dans la demi-heure, les choses rentrent dans l'ordre, les CRS n'interviendront pas. Au bout d'une heure de palabres assorties de menaces et d'algarades diverses, mais sans violences, les modalités de l'évacuation étant convenues, nous récupérons gentiment les locaux pour y installer nos bureaux de vote. Tout le monde ayant trouvé une porte de sortie, l'honneur est sauf et je puis quitter les lieux rasséréné.

Le résultat est atteint : à l'occasion de la campagne électorale pour les municipales de 1983, le secteur éducatif et scolaire sera pratiquement absent des thèmes de propagande. Contrairement à ce qu'il en a été lors des scrutins précédents, il ne constituera pas une pomme de discorde. Pour la première fois, l'opposition n'y trouvera pas matière à critiquer l'action municipale. Certes, tous les problèmes n'auront évidemment pas été réglés. Mais ils auront cessé de jouer un rôle négatif. J'y gagnerai mes galons de directeur général.

⁂

En 1983, je suis au faîte de ma carrière. En septembre, à quarante-trois ans, je suis nommé directeur général en charge de la direction de l'Administration générale (DAG) ! A cent lieues d'imaginer que, dans moins de cinq ans, je serai « cassé aux gages ». Et de quelle manière ! Tout me sourit. Après une période de veuvage prolongé, je me suis remarié en 1982 et ma femme et moi avons eu une petite fille en juillet 1983. Sans conteste, la direction qui m'échoit est l'une des plus lourdes de l'administration municipale. C'est aussi la plus convoitée, à l'égal de la direction de la Communication et de l'Information dirigée par Maurice Ulrich, et de la direction financière dont est chargé Alain Juppé jusqu'à sa première élection en mars 1983. La DAG compte plus de 3 000 agents et ne comprend pas moins de quatre sous-directions de plein exercice. D'abord la plus importante de toutes, la sous-direction « noble », celle de l'Administration des personnels, qui gère les quelque 40 000 agents municipaux relevant d'une centaine de statuts différents. Ensuite, celle des Affaires générales (mairies et élections) et du Contentieux, l'une des plus délicates, la Ville étant son propre assureur, ce qui nécessite un service juridique de tout premier ordre. Puis la sous-direction du Matériel, compétente pour la logistique (achats, entretien et paie). Enfin, celle des Services sociaux, qui s'occupe de la restauration et des activités sociales en faveur des personnels (vacances, loisirs). A la suite du démantèlement des services industriels et commerciaux que j'aurai la charge de mener à bien en 1985, j'hériterai même de deux organismes à budget autonome : les Transports automobiles municipaux (TAM) et le service municipal des Pompes funèbres. S'y ajoute le service de la Communication interne, qui prend alors son essor.

La fonction de personnel exige des qualités difficiles, apparemment contradictoires. D'abord, il faut être à la fois imaginatif et créatif, savoir se projeter dans le long terme, être capable de visualiser des évolutions, de les anticiper pour mieux les accompagner ensuite ou les prévenir si leur effet risque de se révéler néfaste. En même temps, il faut disposer d'un sens solide des réalités, savoir gérer l'immédiat, pouvoir répondre *ex nihilo* à l'expression de besoins généralement justifiés. En dehors des responsabilités strictement budgétaires ou financières que j'ai exercées par le passé, et en marge de mes expériences opérationnelles successives dans le secteur scolaire, c'est la première fois que je gère directement de la « matière vivante ». Je suis désormais comptable de la fourniture des moyens humains que j'ai trop souvent ragé de ne pas avoir à ma disposition quand j'en avais besoin. Les rôles sont dorénavant inversés vis-à-vis de mes collègues directeurs et amis.

Au terme d'une période d'observation d'un à deux mois, au cours de laquelle j'écoute et observe, je me mets d'arrache-pied au travail. Je sais pouvoir compter sur une très solide équipe. Une première vague de six jeunes administrateurs issus de l'ENA est arrivée à la Ville en 1981. Au lieu d'éparpiller ces jeunes gens dans les différentes directions, le secrétaire général a préféré faire affecter toute la promotion au sein de la seule DAG. Il est plus « payant » d'essayer de rénover une bonne fois pour toutes la fonction de personnel que de répartir la pénurie. Ainsi, véritable bain de jouvence, la direction accueille six jeunes éléments auxquels sont confiées d'emblée des postes de chef de bureau. Je retrouve un certain air de connivence avec l'équipe de jeunes attachés que nous avions constituée dans les années 1970 au sein de la direction financière.

Mon bras droit, le sous-directeur Pierre Daffos, est un rapatrié d'Algérie. Il est compétent, solide comme un roc, et j'ai une totale confiance dans sa loyauté et la pertinence de son jugement. Ayant exercé d'importantes fonctions dans l'administration locale à Oran, il a dû tout reprendre à zéro après son retour en métropole, à trente ans, en 1960. Je l'ai beaucoup pratiqué quand, étant moi-même chargé du Budget, il était pour sa part responsable de la comptabilité du personnel. Cela fait pour ainsi dire vingt ans qu'il exerce la fonction de personnel. C'est lui qui a sous son autorité directe notre horde de jeunes gens, frais émoulus de l'Ecole et piaffant de montrer leur valeur.

Sous le contrôle de son cabinet et du secrétaire général, le Maire m'a confié le soin de réexaminer systématiquement tous les modes de fonctionnement des services municipaux exercés en régie. Ce sera la principale originalité de ma tâche entre 1983 et 1986. C'est ce qu'on appellera improprement la politique de « privatisation » des services municipaux parisiens. Pratique qu'à l'occasion de la campagne pour les législatives de mars 1986, le RPR reprendra habilement comme un modèle transposable à la gestion de l'Etat. Cette première « entorse intellectuelle » aurait d'ailleurs dû me desiller les yeux. Mais, à tort, je n'ai jamais prêté attention outre mesure à ce qui me paraissait relever alors de la pure propagande. Il était pourtant évident que cette réorganisation de l'appareil administratif municipal ne pouvait en aucune manière préfigurer une réforme de l'Etat.

⁂

J'entre dans le bureau de Robert Pandraud. D'un geste de la main, il me convie à m'asseoir. Il doit être dans les six heures du soir. Je lui rends compte que je viens d'avoir longuement au téléphone Michel Leclerc. Ce dernier cherche à entrer en contact avec la municipalité. Pandraud ne souhaite pas le recevoir. Il m'a demandé de servir d'« interface » avec le frère d'Edouard Leclerc. Est en jeu l'exercice du monopole des Pompes funèbres à Paris.

Des dispositions héritées des « fabriques » du XIXe siècle confient aux collectivités locales l'exercice exclusif du monopole des Pompes funèbres. Ces « fabriques » étaient des organisations paroissiales ou diocésaines chargées de s'occuper des indigents. Au siècle dernier régnait une misère telle que les citadins mourant souvent dans la rue, l'enterrement des laissés-pour-compte était, pour des raisons d'hygiène et de décence, une obligation de service public confiée aux « fabriques ». La loi de 1905 sur la séparation de l'Eglise et de l'Etat mettant un terme à ce mode d'organisation à base confessionnelle, cette obligation d'intérêt général passe alors à la charge des municipalités. Pour équilibrer le système – en clair : pour faire payer les riches et compenser le coût de la mise en terre des indigents –, la loi confie à des monopoles l'exclusivité de prestations dites « monopolisées », à savoir pour l'essentiel la fourniture des cercueils. Les collectivités ont le choix entre conserver l'exercice du monopole en régie ou le concéder au privé. Par contre, les prestations hors monopole sont libres.

Le marché de la mort est très rémunérateur : chacun sait qu'à l'occasion d'un décès, la détresse aidant, les familles hésitent à regarder à la dépense. On comprend que l'association des fournitures monopolisées et hors monopole garantissent une activité hautement lucrative : le prix d'achat des cercueils étant fixé par la municipalité, rien n'interdit d'en moduler le prix de revente à l'usager en

« habillant » la boîte en fonction de la solvabilité des différentes catégories de clientèle. C'est là l'origine de la fortune des PFG ; les Pompes funèbres générales se sont en effet arrogées une situation quasi monopolistique sur ce marché : d'une part, elles démarchent systématiquement les collectivités pour se faire concéder le monopole pour des durées contractuelles souvent fort longues ; d'autre part, elles rachètent des enseignes (Roblot, etc.) qu'elles maintiennent fictivement en activité sous leur sigle originel pour donner au public l'apparence d'une liberté de choix.

Les concessions sont plutôt la règle ; les régies, l'exception. A Paris, au contraire, dès le siècle dernier, donc avant même la loi de 1905, le service s'est constitué en régie municipale. Une implantation importante est installée dans le XIXe arrondissement, rue d'Aubervilliers, avec une usine de fabrication de cercueils et un parc de véhicules pour l'organisation des convois.

Michel Leclerc, l'homme des pompes à essence (dit « l'Emir »), s'est mis dans la tête de battre en brèche l'exercice du monopole quand celui-ci est entre les mains des régies municipales ou quand il est concédé aux PFG. Il arrive au bon moment, sachant que le thème est « porteur » sur le plan politique. Les monopoles privés ont mauvaise presse ; en l'absence de concurrence, les PFG ont de surcroît mésestimé l'évolution de l'opinion. Celle-ci commence à envisager le décès comme une forme de consommation assimilable aux autres. La Communauté européenne entame sa chasse aux activités monopolisées. Le RPR lui-même est pris à contre-pied sur le thème de l'ouverture à la concurrence... Michel Leclerc est en train de mettre sur pied des moyens pour organiser des convois au mépris du monopole. Dans toute la France se multiplient à son initiative les convois sauvages et une kyrielle de procès avec les régies municipales ou les PFG. D'après les quelques contacts préalables que j'ai avec ses émissaires, il ne fait guère de doute qu'il compte s'attaquer à la capitale.

Pandraud, tout en parlant au téléphone, farfouille dans un tiroir parmi un tas de papiers et, sans un mot, me tend un feuillet. A la lecture du document, je n'en crois pas mes yeux. D'instinct, je relève la tête pour interroger mon interlocuteur. Pandraud, qui entre-temps a raccroché, me lance avec son curieux accent rocailleux : « Vous savez maintenant à quoi vous en tenir ! »

La pièce que je lui rends est un document qui n'est en principe accessible qu'aux seules autorités judiciaires.

Je rendrai régulièrement compte de mes entretiens avec Leclerc. Robert Pandraud a d'ailleurs été on ne peut plus explicite : « Prenez garde à tout ce que vous lui direz ; il est capable de vous enregistrer ! » En fait, je réussis à convaincre Michel Leclerc de notre détermination à défendre la régie. Je le dissuade d'entreprendre quoi que ce soit à Paris. Je ne lui cache pas qu'à la moindre incartade, pour faire respecter le monopole, la Ville n'hésitera pas à engager des procédures de référé, assorties d'astreintes dissuasives.

Je suis certes partisan de l'abandon du monopole, mais pas à n'importe quel prix. Le monopole me paraît dépassé dans la mesure où il ne conduit qu'à la socialisation des pertes et à la privatisation des profits. En effet, dans les périodes de forte inflation de l'après-guerre, et pour tenir compte d'impératifs sociaux incontestables, les préfets – à l'instigation de l'Etat – ont laissé délibérément péricliter l'équilibre économique de la régie municipale. Les prestations monopolisées ne dégagent plus aucune marge de profit, les prix ayant été bloqués pendant trop longtemps. La gestion du service continue par contre de générer des coûts fixes prohibitifs, alourdis par la « pression démagogique » des organisations syndicales. Ce sont de véritables dynasties ouvrières inféodées à la CGT qui ont installé leur fief rue d'Aubervilliers. J'ai déjà évoqué les congés-maladie doublant ou triplant systématiquement la durée de congé légale. Le tout coûte plus qu'il ne rapporte, la Ville étant contrainte de subventionner une activité structurellement déficitaire.

D'autre part, comme pour l'eau, la Ville de Paris ne peut se désintéresser d'un service public aussi essentiel. Le cas échéant, il faut par exemple pouvoir faire face à une catastrophe aérienne ou à une épidémie foudroyante. Ou encore, ainsi qu'on le vérifiera tragiquement un peu plus tard avec nos parachutistes au Liban (l'attentat contre le « Drakkar »), à une action terroriste entraînant d'un coup le décès de plusieurs dizaines ou centaines de personnes.

A partir de 1984, nous allons progressivement poser les jalons d'une réorganisation du service par étapes. J'ai en main le compte d'exploitation : il est indéfendable. Il faut donc qu'à toute force nous le débarrassions des sources de gabegie, sans nous faire forcer la main par des tiers. Comme toujours, il faut se débrouiller pour le faire sans crise. Nous supprimerons ainsi sans dommage l'usine de fabrication de cercueils et réorganiserons le service en douceur.

Les actions de « privatisation » de ce type que nous mènerons de 1983 à 1986 seront conduites avec un succès complet. Elles concernent la direction des Services industriels et commerciaux, supprimée après avoir été démembrée. Je décrirai plus loin la « privatisation » de la distribution de l'eau. Le succès se mesure à l'absence de tout mouvement social d'envergure. D'autant que la Mairie est devenue entre-temps vulnérable : le Maire-Premier ministre ne peut se permettre la moindre agitation sociale dans son fief. C'est ainsi qu'à partir de 1987-1988, sans qu'il y ait le moindre rapport de cause à effet avec la politique de « privatisation » municipale, le secteur sanitaire et social va connaître une agitation endémique des infirmières.

Les opérations que nous avons menées ont été soigneusement préparées dès 1978-1979, donc bien avant mon arrivée au personnel. Elles étaient déjà échafaudées au détail près. Je n'ai eu qu'à les piloter et à les mener à bien en prenant les précautions nécessaires pour qu'elles soient comprises et acceptées et ne dégénèrent pas en conflit d'envergure. A cette fin, la phase de mise en œuvre a été accompagnée par une campagne d'explication, de communication et de concertation sans précédent. Nous avons discuté avec les organisations professionnelles jusqu'à épuisement. Je me souviens qu'un soir, veille de Noël, alors que, sans désemparer, sans la moindre interruption, nous négociions « au finish », je dus menacer mes interlocuteurs(trices) de satisfaire un besoin naturel devant eux (elles) pour obtenir une pause. La paix sociale était à ce prix.

Les mesures de réorganisation menées à bien de 1984 à 1987 ont concerné les opérations suivantes :

1) *En liaison avec le démantèlement de la direction des Services industriels et commerciaux :*

– production et transport des eaux
– distribution des eaux (rive gauche)
– distribution des eaux (rive droite)
– suppression de l'usine de fabrication des cercueils
– crémation funéraire au cimetière du Père-Lachaise
– nettoyage de la moitié ouest du cimetière de Bagneux

2) *Opérations diverses :*

– suppression de l'Imprimerie municipale
– privatisation de la collecte des ordures ménagères le soir
– entretien des jardins des établissements scolaires
– entretien des logements de fonction dans les écoles

– élagage des arbres
– stockage et livraison des fournitures municipales
– nettoyage des crèches municipales
– travaux d'entretien dans les crèches du XVIIe arrondissement (à titre expérimental)
– chaufferie des bâtiments municipaux (économies d'énergie)
– réorganisation des marchés couverts
– privatisation de la collecte du stationnement payant dans le XIe arrondissement (à titre expérimental)

Le processus est toujours le même : nous établissons selon les normes privées le compte d'exploitation d'une activité exercée en régie. S'il apparaît que celle-ci peut être mieux exercée par des tiers à un moindre coût pour la collectivité, nous engageons la procédure de privatisation. Aucun licenciement sec n'intervient ; néanmoins, pour les agents les plus âgés qui en font la demande, des mesures de dégagement des cadres sont proposées, plus coûteuses d'ailleurs dans la fonction publique que dans le privé. Par redéploiement, les personnels sont ensuite affectés dans d'autres secteurs de l'activité municipale après avoir reçu une formation complémentaire adéquate.

De 1984 à 1987, 2 643 emplois sont ainsi supprimés (soit environ un emploi sur huit) ; 973 agents sont réaffectés dans d'autres services, dont 376 ont fait l'objet d'une formation complémentaire les préparant à leurs nouvelles fonctions.

L'économie globale pour le budget municipal est de l'ordre de 500 millions de francs par an.

Cette politique s'est accompagnée d'une transformation radicale de la qualification des personnels municipaux grâce à un effort massif de formation interne. Entre 1977 et 1983, le blocage total du recrutement (hormis les « chargés de mission de cabinet » !) a été rendu possible en raison du rajeunissement progressif des effectifs opéré entre 1977 et 1983 (plus d'un agent sur deux a moins de quarante ans) et de l'effet du redéploiement, consécutif à la refonte des structures de certaines directions (disparition de la direction des Services industriels et commerciaux). Pratiquement tous les trois ans, la totalité du personnel a suivi un cycle de formation. De 1977 à 1983, les emplois peu qualifiés des catégories C et D sont passés de 81,14 % à 79,69 % des effectifs, alors que, dans la même période, ceux des catégories A et B progressaient de 18,86 % à 20,39 % de l'effectif. Cette transformation est aussi l'une des explications de l'assentiment tacite des syndicats à une politique qu'ils ne pouvaient que décrier en public.

⁂

C'est l'époque où je travaille au jour le jour avec Robert Pandraud. En 1981, la Mairie de Paris le recueille en qualité de secrétaire général adjoint. Le tout-puissant directeur général de la Police nationale est l'un des premiers fonctionnaires d'autorité remerciés par les socialistes après l'alternance de mai 1981. Il vient d'être remis à la disposition de son corps d'origine, l'inspection générale de l'Administration au ministère de l'Intérieur. Autant dire la voie de garage ou le cimetière des éléphants...

Avant 1981, j'ai eu l'occasion de l'entrevoir au cours d'une des nombreuses réunions marathoniennes consacrées au démembrement de l'ex-département de la Seine. Il fait alors partie de l'une des petites équipes qui, dans le scepticisme général, sont chargées de mettre sur pied les nouveaux départements de la région parisienne issus de la loi de 1967. Il s'occupe des Hauts-de-Seine avec le préfet Pierre Bolotte, dont il devient le secrétaire général à Nanterre. L'un de mes proches collaborateurs en 1981, Maurice Jouet, sous-directeur, sert sous ses ordres pendant cette période délicate, et le tient en très haute estime alors que, curieusement, au sein de la haute administration, sa personnalité est entourée d'une aura sulfureuse, probablement liée à l'exercice des fonctions de directeur général de la Police nationale sous Giscard. Alors que j'exerce comme directeur des Affaires scolaires, il me téléphone en 1981 pour faire connaissance. Il souhaite me rendre une visite de courtoisie. Plus jeune et moins titré, je lui propose de passer plutôt le voir à son bureau de l'Hôtel de Ville à un moment à sa convenance. Il me répond que ce n'est pas nécessaire, qu'il passera lui-même à mon bureau, à Morland. J'ai gardé un souvenir assez vague de ce premier entretien de pure forme ; en revanche, je n'ai pas oublié l'élégance et la prévenance de cette visite convenue.

Après avoir accédé à la direction de l'Administration générale, je le vois souvent, mes fonctions étant plus nettement politiques. En 1983, lui-même prend la direction du cabinet du Maire, Camille Cabana conservant le secrétariat général. Son physique un peu lourd, plutôt enrobé, laisse pressentir le bon vivant. Mais aussi un tempérament passionné sous une apparence bonhomme forcément trompeuse. L'individu est d'un abord dénué d'affectation comme de prétention. Seule singularité dans cette apparence plutôt quelconque : son curieux accent rocailleux du Puy, qu'il cultive, tranche avec un comportement plutôt réservé. C'est un homme secret, attentif et vigilant. Il ne s'exprime qu'avec les mots qu'il faut, pas plus. Ses interventions sont rares, toujours très simples, marquées au coin du bon sens. Il a une sainte horreur des circonlocutions, des ronds de jambe, des courtisaneries. Droit au fait ! Malheur à celui qui le dérange pour un motif futile. Par contre, gare à celui qui ne l'a pas informé de quelque chose d'important. Toujours joignable, où qu'il soit et à n'importe quel moment, une conversation ou un entretien très bref lui suffisent pour arrêter sa décision. Bonne ou mauvaise, ce n'est pas votre problème : il assume, quoi qu'il arrive – ce qui n'a pas de prix !

Sans craindre de démenti, j'affirme que jusqu'en 1986, le binôme Cabana/Pandraud, outre l'assise qu'il fournit au Maire, constitue l'évidente sécurité de Jacques Chirac, et le garantit contre les initiatives intempestives de certains de ses adjoints. Cabana et Pandraud s'appuient sur les directions contre les élus s'il le faut ; et nous savons qu'en cas de difficulté, nous pouvons toujours, par leur intermédiaire, et par-dessus la tête des élus, nous faire entendre du Maire. En 1986, le départ de ce duo sera ressenti comme une catastrophe dont, à mon avis, l'Hôtel de Ville ne s'est jamais relevé.

Un jour, je suis témoin d'une scène de genre où je vois Pandraud exercer son talent auprès de Jacques Chirac en personne. Le Maire est au château de Bity, en Corrèze, aux prises avec des journalistes sur des problèmes concernant visiblement le RPR. Pandraud, devant nous, lui dicte au téléphone les réponses à faire à la presse, tout en continuant à diriger notre réunion à Paris comme si de rien n'était. A l'époque, il est l'un des rares à tutoyer le Maire, qui l'appelle par son prénom.

En une autre occasion, voici qu'il me téléphone : comme je suis responsable des mairies, il me demande de veiller à la publication des bans d'un mariage à la mairie du XVIe arrondissement. Je prends les noms et identifiants des jeunes époux et je comprends soudain qu'il s'agit... du mariage de son propre fils ! Sans piper mot, j'appelle le secrétaire général de cette mairie pour lui ordonner de faire le nécessaire. Après avoir reçu confirmation que tout est en ordre, je rappelle Robert Pandraud pour rendre compte et, avant de raccrocher, lui présente mes félicitations. Tout le personnage est résumé dans cette anecdote.

A chacune de nos entrevues, je le vois signer des

montagnes de parapheurs sans même jeter un coup d'œil aux documents. Les secrétaires entrent et sortent sans mot dire, apportant et remportant les cartons. Parfois, très rarement, il lit ou annote tout en continuant à converser. Un soir, ma curiosité est plus forte que ma réserve : « Monsieur, vous ne lisez pas ce que vous signez ? »

Une lueur amusée éclaire le regard qu'il me lance : « Quémar, mes collaborateurs sont là pour lire ce qu'ils me font signer. Et m'en répondre ! Quand je vois une pastille rouge, ça signifie qu'il faut que je lise. »

En dehors du rituel des parapheurs de fin d'après-midi, la surface de son bureau est toujours exempte de tout papier. Un jour, je commets l'imprudence de lui rappeler une note que je lui ai adressée quelque temps auparavant et à laquelle je suis surpris qu'il ne m'ait pas répondu. L'œil jubilatoire, la langue gourmande, tirant sur la bouffarde dont il se sépare rarement, se balançant sur sa chaise au risque de tomber, il farfouille durant quelques secondes dans un tiroir de son bureau et exhibe triomphalement mon papier au milieu d'une centaine d'autres. Puis, rapidement, tout en me restituant la note, il m'explique pourquoi il n'a pas cru devoir y répondre : le problème que je m'étais permis de lui soumettre ne relevait pas de son appréciation. Je me le tiendrai pour dit.

La politique est à ses yeux l'exercice de la perspicacité. Sans concessions ni demi-mesures. Je ne prétendrai jamais être de ses intimes. Je pense cependant l'avoir mieux compris que d'autres. Il arrive aussi que son côté « Docteur Jekyll et Mister Hyde » transparaisse ouvertement. Combien de fois, entrant dans son bureau, je tomberai sur un Guy Legris ou un Henri Cuq ou un Etienne des Rosaies – tous émissaires de l'ombre – que je ne me serais certes pas attendu à trouver là. Il les invitera alors régulièrement à passer dans une salle d'attente. En fait, il est notoire que ces « informateurs » sont les yeux de Pandraud dans les services de police avec lesquels il a conservé des liens et où il continue d'entretenir des « réseaux ». Mais son côté « policier », étroitement imbriqué avec ses autres activités, surprend toujours celui qui n'est pas prévenu.

Un jour, c'est moi qui en fais les frais. On me le passe au téléphone à mon bureau : « Quémar, dites-moi, qu'est-ce que fait votre beau-père au Maroc ? »

Je suis à cent lieues de m'attendre à une pareille question.

« Mais, monsieur, je l'ignore. Il ne me tient pas au courant de ses déplacements ! »

La conversation en reste là. Avant de raccrocher, je lui indique simplement que je vais me renseigner. Je ne suis tout de même pas comptable vis-à-vis de la Mairie de Paris des activités et de l'emploi du temps de M. Melloni. J'appelle à tout hasard ma femme, qui me confirme n'en rien savoir.

Une quinzaine de jours plus tard, mon beau-père me dévoile le fin mot de l'affaire : il s'est effectivement rendu à Rabat. Un détail, à l'hôtel, a retenu son attention : de la cendre de cigarette dans un cendrier de sa chambre, alors qu'il ne fume jamais. Ses affaires ont sans doute été fouillées à son insu. Or y figure, comme il est normal, l'indication de prévenir son gendre, directeur général à la Mairie de Paris, en cas d'accident. L'information sera remontée jusqu'à Pandraud, *via* les autorités policières marocaines...

Je n'aurai l'occasion d'en vouloir à Robert Pandraud qu'une fois. Comme leurs homologues de l'Etat, les ingénieurs des services techniques de la Ville sont recrutés sur concours et sont diplômés au terme d'un cycle de scolarité de deux ans effectué au sein d'un établissement d'enseignement supérieur installé boulevard Saint-Germain, l'école Eyrolles. En qualité de directeur de l'Administration générale, je participe régulièrement aux conseils d'administration de l'école des ingénieurs de la Ville, les frais de scolarité des futurs ingénieurs étant pris en charge par le Budget municipal. Ces conseils n'ont rien d'extraordinaire ni de spécialement marquant. Un jour, cependant, une situation particulière nous est exposée par la direction de l'école. Pour des motifs religieux, un élève de confession israélite s'oppose catégoriquement à l'exécution d'un quelconque travail pendant le Sabbat. La direction a tenté la persuasion, essayé toutes les conciliations possibles, sans aucun succès. Quand cette situation insolite nous est expliquée, je n'y prête pas attention outre-mesure. Certes, une mesure d'exclusion est envisagée. Mais, en mon for intérieur, j'estime que ce jeune ingénieur finira bien par comprendre les astreintes de son métier et par s'y plier. On n'en arrivera pas à l'extrémité de le remercier. La Ville est en droit de lui demander, si nécessaire, de travailler le samedi. J'ai en mémoire la guerre des Six-Jours, en 1967, et l'extraordinaire épopée de Tsahal, l'armée israélienne. Le best-seller de Dominique Lapierre et Larry Collins, *Demain à Jérusalem*, rappelle que l'armée égyptienne lança précisément son offensive le jour du Sabbat. Le temps de cette guerre-éclair, *casus belli* oblige, les rabbins levèrent l'interdiction talmudique...

En dehors de toute considération religieuse, l'Etat français étant laïque, il ne fait guère de doute à mes yeux qu'un ingénieur municipal sous astreinte le samedi se doit d'accomplir sans barguigner les tâches qui lui incombent et qui font partie de son statut. La question paraît pour le moins épineuse. Je suis d'avis qu'une admonestation sévère soit adressée à ce jeune ingénieur de manière qu'il obtempère ou qu'à défaut, il se démette. C'est ainsi que je l'entends, et j'expose mon sentiment en ce sens au conseil.

Mais, au cours de la discussion qui s'ensuit, j'apprends des dirigeants de l'école que les choses, comme souvent, ne sont pas aussi simples. En réalité, ce jeune homme, en première année de scolarité, s'est obstinément refusé, toute l'année écoulée, à se plier aux astreintes de service auxquelles est soumise sa promotion. En clair, en dépit de toutes les mises en garde, il n'a jamais pris part à une activité quelconque pendant le temps de repos du Sabbat. Aussi, outre son refus de l'admettre dans le cycle supérieur, la direction envisage-t-elle de lui retirer le bénéfice de sa scolarité et de lui refuser l'accès au titre d'ingénieur.

La situation n'est donc pas banale. Nous sommes en présence d'un comportement de fait. Le refus étant ancien et réitéré, c'est l'épreuve de force et la sanction logique s'impose : l'exclusion. Ou la direction fléchit et c'est la bouteille à l'encre pour la suite ; ou ce cadre obtempère et plie. Admettre une entorse reviendrait à reconnaître qu'il existe au sein de la Ville de Paris deux catégories d'ingénieurs définies par un critère confessionnel. Nul ne saurait l'admettre. Je recommande donc la plus extrême fermeté tout en laissant la porte ouverte à une reddition du coupable, ce en quoi je suis suivi par le conseil. Il est donc convenu qu'à défaut de céder, notre homme fera l'objet d'une décision d'exclusion définitive.

Et pourtant... Dans les jours qui suivent, les pressions se multiplient. Des horizons les plus divers, y compris même de certains que je n'aurais pas imaginés. Connaissant l'attachement du Maire à la communauté israélite parisienne, et, par ailleurs, la puissance de celle-ci, je rends compte par écrit des raisons qui ont conduit le conseil d'administration de l'école à préconiser l'exclusion. J'apprends ainsi que Claude-Gérard Marcus, éminent représentant de la communauté juive, par ailleurs député-maire du Xe arrondissement, a saisi Jacques Chirac en personne. Un peu plus tard, j'apprendrai même que le Grand Rabbin de Paris lui a demandé audience. Quelques jours plus tard, le cabinet me restitue ma note de compte rendu et de demande d'instructions au Maire. Inscrit au feutre noir, barrant la première page, le commentaire du Maire me fixe la conduite à tenir : « Dire à Quémar de laisser l'intéressé faire comme il l'entend. S'il y a un recours des autres élèves, c'est lui qui en prendra la responsabilité. » La formulation étant ambiguë, je ne sais trop s'il est question de la responsabilité de l'« intéressé » ou bien de la mienne ! Mais le message est reçu cinq sur cinq : je comprends qu'il va falloir que je règle le problème au plus vite.

Jugement de Salomon typiquement chiraquien : on choisit de ne pas choisir. Ou plutôt, tel Ponce Pilate, on choisit de s'en laver les mains.

Quelques jours plus tard, devant le conseil d'administration, je suis obligé d'avaler mon chapeau. D'effectuer un virage à cent quatre-vingts degrés. De désavouer, au nom de bien piètres motifs, la position que j'avais cru devoir prendre en conscience. Je ne peux bien sûr pas raconter au conseil ce qui s'est passé. Mais personne autour de la table n'est véritablement dupe. Nul ne peut croire que je n'aie pas été désavoué.

La privatisation de l'eau

20 mars 1986, veille de printemps... Je m'en souviens encore comme si c'était hier. Je subis une intervention chirurgicale dans la matinée du lendemain. Je dois entrer en clinique en fin d'après-midi. On approche doucement de midi. Un joli feu de braises rougeoie dans la cheminée. Le Maire de Paris, Premier ministre depuis quelques jours, l'attise négligemment depuis la bergère où il s'est installé. Jacques Chirac a préféré l'Hôtel de Ville à l'incommodité archaïque des appartements de Matignon, dont il connaît d'expérience l'exiguïté. Le vaste bureau d'angle du deuxième étage accueille les arrivants. Par petites volées, furtivement, la pièce se remplit d'allées et venues. Personnages empressés, pénétrés de leur importance.

« Ce que nous avons fait pour Paris, nous le ferons pour la France ! » Le slogan de la campagne électorale toute fraîche résonne encore aux oreilles comme le drapeau qui claque au vent place de l'Hôtel de Ville.

Les « ministrables » parisiens sont déjà arrivés. Jean Tiberi et Roger Romani arborent le maroquin rouge frappé aux armes de la Ville. Toujours d'une élégance remarquée, Lucien Finel est présent en sa double qualité d'adjoint chargé de l'Eau et de représentant de l'UDF. Une curieuse histoire circule dans les couloirs de l'Hôtel de Ville. Je ne sais si elle est vraie, mais la rumeur lui donne des allures de vraisemblance : lors de la constitution du gouvernement, de mauvais plaisants, se faisant passer pour l'Elysée, auraient annoncé à Jean Tiberi qu'il était pressenti. Le démenti serait venu dans la soirée, avec le ridicule que l'on devine...

Arrivent les ministres « parisiens », ceux-là de plein exercice, pressés et légèrement en retard : l'un délégué au Budget, l'autre aux « privatisations ». Tels sont les nouveaux titres qui échoient respectivement à Alain Juppé et à Camille Cabana.

Jacques Chirac procède à un tour de table. Les « ministrables » sont consultés les premiers. Une touchante unanimité les réunit. Leur point de vue est catégorique : il faut *privatiser* d'emblée la totalité du marché de l'eau, la production comme la distribution. C'est avoir déjà trop tardé que de ne l'avoir pas fait plus tôt !

Car c'est de l'eau des Parisiens qu'il est question ce matin-là dans le bureau du Maire-Premier ministre. Autrement dit, d'une ressource rare et vitale, d'un bien précieux, de toute première *vocation générale*. Le Maire doit prendre une décision que les services ont étudiée depuis des mois. C'est en effet un dossier déjà ancien sur lequel, compte tenu des enjeux, la municipalité tergiverse.

L'eau parisienne est *réellement* et entièrement captée en source, et, depuis les lointains, acheminée vers Paris où elle est stockée dans de vastes réservoirs souterrains. De surcroît, la Ville est l'une des rares collectivités à se payer le luxe de disposer d'un réseau d'eau *non potable* doublant le réseau d'eau potable. Ce qui permet d'assurer à peu de frais le nettoyage des rues et l'entretien des espaces verts. Tout ce réseau est visitable par des galeries d'accès remarquablement aménagées, qui facilitent les interventions humaines.

L'eau potable parisienne est de toute première qualité. En banlieue, au contraire, on boit de l'eau de transformation fluviale en provenance d'usines de traitement des eaux installées sur la Seine et la Marne. Cette eau est grande consommatrice de produits chimiques de retraitement dont le coût est très élevé.

Cependant, la vétusté des réseaux parisiens de distribution, datant d'un siècle, alliée à l'importance des fuites, justifie des investissements depuis trop longtemps différés. C'est là que le bât blesse et que l'innovation s'impose. De longue date, la municipalité a tardé à moderniser le réseau d'eau potable, bien qu'elle connaisse l'état de délabrement des canalisations. Les fuites dans le sous-sol parisien sont à l'origine de pertes de recettes importantes. Malheureusement, ces dépenses de rénovation entrent en concurrence directe avec le financement des équipements de quartier. Cela, les « ministrables » le savent bien. La fourniture de l'eau aux Parisiens n'est pas un sujet de campagne électorale. A l'évidence, il est électoralement plus payant de construire une crèche que de réparer des installations souterraines qui, par définition, ne se voient pas et qui, de surcroît, fuient...

Bonne raison pour se débarrasser d'un problème qui, électoralement, en nombre de voix gagnées, ne rapporte rien. Toutes les mesures de modernisation envisagées ont achoppé jusqu'à présent sur ce constat incontournable.

La proposition de nos « ministrables » est donc d'une limpide et logique simplicité : il faut évacuer le problème. Mais ce choix se révélerait banalement suicidaire pour la municipalité. L'eau, comme toutes les denrées *de première nécessité*, constitue une extraordinaire « pompe à finances ». Le coût de l'investissement initial est rapidement amorti dans un prix *socialement* indolore, quasi imperceptible pour l'usager. Aujourd'hui encore, le mètre cube d'eau à Paris est facturé 14,61 francs, soit à peine le coût d'un paquet de cigarettes... C'est le bénéfice d'un effort on ne peut plus coûteux, mais financé de manière relativement indolore par les Parisiens au XIXe siècle, bien avant Chirac !

Par contre, la *marge de profit* sur ce prix est *considérable*. Longtemps, le prix de l'eau a contribué amplement au financement de la politique d'investissement de la capitale. C'est une ressource *quasi gratuite*, et c'est donc autant de moins à demander au contribuable et à l'emprunt.

L'autofinancement parisien obéit à une règle d'or posée depuis les années 1970 : un quart des paiements annuels d'investissement sont couverts par les ressources ordinaires du budget – c'est l'*autofinancement*, et la recette de l'eau y entre pour une part non négligeable –, les trois quarts restants sont financés par l'emprunt. Le raisonnement économique est extrêmement simple : l'emprunt est de l'autofinancement différé. L'effort que vous ne consentez pas tout de suite, vous le reportez dans le futur. C'est donc une charge dont le remboursement est transféré sur les générations à venir. S'y ajoute le montant des intérêts, c'est-à-dire de la préférence donnée au présent. Le bon sens populaire le dit sans ambages : s'enrichir, c'est commencer par rembourser ses dettes. La Ville de Paris est contrainte d'investir sur le long terme de manière continue et régulière en raison de sa pérennité même (*fluctuat nec mergitur*) et de la constance des renouvellements d'équipements. Il pourrait être ainsi tentant, mais absurde, d'emprunter à tout va en se disant : « Après moi, le Déluge ! » Mais s'en remettre exclusivement au privé, tant pour la production que pour la distribution de l'eau, reviendrait à admettre le transfert brutal sur l'usager du coût du rattrapage à opérer, avec les conséquences immédiates qui en découleraient sur le prix de l'eau.

Nos beaux esprits veulent tout changer. Les Tiberi, Romani et Finel sont d'une touchante unanimité « sacrificatrice » : ils font litière de la politique menée avec continuité depuis des décennies et qui s'est révélée modératrice des hausses du prix de l'eau. Ce sont de fervents partisans de l'abandon total et systématique au privé et de la ressource et des travaux à opérer sur les réseaux. L'UDF n'est pas en reste : Jacques Dominati ne cesse de plaider en faveur du recours à l'emprunt en toutes circonstances. L'affaire est préoccupante dans la mesure où elle montre à quel point les lobbies ont fait leur métier.

Vient le tour de parole du tout nouveau ministre délégué, chargé des privatisations. La présence de Camille Cabana peut d'autant plus surprendre que son successeur nouvellement nommé, le préfet Guy Maillard, est là. Mais, à l'évidence, sur un dossier de cette importance, le fait n'est pas fortuit.

Le moment exceptionnel auquel je vais assister, je le qualifierai de morceau d'anthologie.

J'ai eu la chance d'en vivre déjà un semblable par le passé. La voix s'était pourtant cassée, ce jour-là, elle était devenue blanche. C'était en 1981, à l'occasion d'une réunion relative aux Affaires scolaires que présidait Camille Cabana en présence des élus du XVIIe arrondissement. Maurice Weil, conseiller de Paris, aujourd'hui décédé, venait de laisser entendre que l'administration avait pu ne pas avoir été complètement innocente dans le choix d'un équipementier scolaire. Je vois Camille Cabana se lever, pâle comme un linge, rassembler ses papiers épars, se tourner vers nous et, d'une voix sèche : « Messieurs, allons-nous-en, nous n'avons plus rien à faire ici ! »

Aujourd'hui, le timbre est autrement affermi.

L'orateur conserve calme et modération. Son exposé est net, méthodique, précis. C'est un exercice de *politique pure.* Quelque chose que l'on savoure à douces lampées, comme un alcool longuement et patiemment vieilli dans les chais. La démonstration est giralducienne en diable. Ici, on n'est certes pas au théâtre, mais les « prospecteurs » de *La Folle de Chaillot* sont bien présents, réunis autour de la table, attentifs, veillant à ce que la proie ne leur échappe pas. Le « Vous avez un plan ? » qui les réunit est on ne peut plus limpide. Le leur est celui du démantèlement du réseau public, de la socialisation des pertes et de la privatisation des bénéfices. Prêche prémonitoire de l'orateur enflammé de Saint-Damaze dans *Le Rivage des Syrtes*, le chef-d'œuvre de Julien Gracq ! De sa voix posée et sonore, Camille Cabana dit tout haut ce que nous tous, autour de cette table, pensons tout bas. Y compris, je n'en doute pas une seconde, Jacques Chirac lui-même. Que l'eau n'est pas un monopole banal. Que la ressource n'est pas non plus une simple marchandise. Qu'à tout prendre, s'il faut en aliéner l'exploitation à d'autres, le bénéfice doit demeurer à la collectivité. Qu'en tout cas, il serait fou de s'en remettre à une simple logique de profit pour s'en dédire et confier la production et la distribution, d'un seul tenant, au secteur privé. Que tout ce qui est rare et cher a un prix et que le compte n'y est pas.

La grand-messe est dite. Le reste de l'aréopage – tous autant que nous sommes – opine en direction de Jacques Chirac dans le sens exposé par l'*homme des privatisations.*

Quand vient mon tour de m'exprimer, en ma qualité de responsable des relations avec les organisations syndicales, je noircis sans vergogne et délibérément le tableau. Je confirme à Jacques Chirac ce qu'il sait déjà pertinemment : que la privatisation totale serait incontestablement perçue par la CGT comme un acte de guerre. Qu'il faudrait donc s'attendre à une grève du nettoiement (la dernière remonte à 1982).

C'est ainsi que la société d'économie mixte d'Aménagement des eaux de Paris (SAGEP), *société privée contrôlée majoritairement par la municipalité parisienne*, voit le jour. Nous avons gagné encore une fois contre le parti de l'abandon. L'eau des Parisiens continuera d'être produite par la municipalité. Les deux grands groupes privés se partageront l'exploitation et la modernisation du réseau de distribution (l'un la rive gauche, l'autre la rive droite) ; mais, pour ce qui est de la production, ils en seront pour leurs frais. Les capitaux privés moderniseront le réseau de distribution ; la Ville, elle, conservera le contrôle stratégique de la ressource. Contre toute attente, l'indépendance de l'approvisionnement en eau des Parisiens, menacée d'une privatisation sauvage, est désormais à l'abri des appétits des grands groupes de distribution.

Ce n'est pas le moindre des paradoxes : les *privatiseurs*, pour une fois, ne sont pas les *réducteurs* – du moins au sens de rebouteux de la « fracture sociale » ! Inopinément, par la grâce du hasard ou de ce qui en tient lieu, une cause qui paraissait entendue est arbitrée dans un sens contraire aux espérances de ceux qui l'avaient si bien combinée. Quelle déconvenue cruelle pour les baronnies de l'eau ! Je ne suis pas sûr, au reste, qu'elles y aient vraiment cru. Si, par-delà les hommes, la constance de la ligne politique ne s'est pas dédite, cela tient aussi à ce que Paris est capitale, et encore, au lendemain des Trente Glorieuses, une ville riche et prospère.

A ce propos, un souvenir me revient en mémoire. En 1974, en compagnie de Paul Reverdy, j'assiste bien involontairement à une passe d'armes révélatrice entre le Grand Argentier de Paris et le Premier ministre de l'époque. L'eau n'est pas ici en cause, mais l'indépendance municipale. Sous forme facultative, la Ville vient d'instituer une allocation complémentaire aux aides légales en faveur des personnes âgées. Comme souvent en la matière, Paris montre l'exemple au reste de la France. La tutelle s'émeut, l'exemple parisien risquant de faire tache d'huile et d'entraîner le système d'aide légal de l'Etat dans une spirale explosive. Jacques Chirac, installé à l'époque à Matignon, paraît peu désireux de laisser à la tutelle de l'Etat l'impopularité d'une mesure de rejet ; il souhaiterait plutôt que la municipalité parisienne consente au retrait de la délibération. Sous nos yeux, Christian de La Malène éconduit le Premier ministre sèchement, et sans appel.

Comme toujours, on aura ensuite trouvé un accommodement de présentation pour éviter que qui que ce soit perde la face. Mais la municipalité aura affirmé une liberté de jugement sans partage, battant ainsi en brèche les intimidations intéressées de l'Etat.

⁂

Prémonition, protection du Maire contre lui-même et les appétits de ses commensaux ? Selon d'habiles commentateurs pas totalement dénués d'arrière-pensées, l'élection à la Présidence de la République, en 1995, aurait constitué le gage d'une providentielle immunité. A mon sens, Jacques Chirac est bien trop fin politique pour s'être laissé prendre à ce genre de jeu irresponsable. Nul n'est au-dessus des lois, fût-ce le premier magistrat, et même s'agissant de ses activités antérieures d'élu municipal.

A Grenoble, en 1992, après la privatisation *totale* de la production et de la distribution de l'eau communale, à qui fera-t-on sérieusement croire en l'innocence municipale et en la naïveté des élus ? Méconnaissance du risque ? Gage d'impunité ? Rien n'est moins sûr. Il est vrai que, depuis lors, la justice est passée. Mais la justice peut se tromper, s'en prendre aux apparences, se payer d'illusions. Le prix très lourd acquitté par quelques-uns pour ce que le jugement appelle *un pacte de corruption* renvoie à l'éternelle question : pour qu'il y ait des corrompus, ne faut-il pas d'abord qu'il y ait eu des corrupteurs ? Comment se fait-il que les corrupteurs n'aient été ni recherchés ni inquiétés ? Pourquoi le tribunal vilipende-t-il ceux qui, pour leur défense, plaident la connaissance que ne pouvaient manquer d'avoir certains autres individus de la réalité du pacte qu'ils ont passé ? Ce ton ultra-moralisateur du jugement du Tribunal correctionnel de Lyon ne renvoie-t-il pas à une réalité d'un autre âge ? Contre qui veut-on au juste se prémunir ? Qui sont les grands dispensateurs de prébendes ? Ne s'est-il pas agi plutôt de trouver des bouc émissaires commodes au lieu de s'en prendre aux initiateurs véritables ? Coupables donc, mais pas responsables ? Mais, grands diables, de quoi donc ?

Le 14 juillet 1995, interrogé sur le sort judiciaire d'Alain Carignon, Jacques Chirac, devenu Président, se borne, de manière assez mesquine, à faire remarquer qu'il ne l'aurait pas choisi au nombre de ses ministres, contrairement à d'autres... Mémoire courte : qu'il se rappelle que Michel Noir fut ministre du Commerce extérieur de son gouvernement de 1986 à 1988...

On peut dire qu'à Paris, en tout cas, la privatisation de l'eau s'est faite sans scandale ni procès. Et que le mérite en revient au courage et à l'esprit de suite de quelques-uns parmi les meilleurs serviteurs de la capitale. Quelle meilleure récompense, en effet, que de défendre le maître contre lui-même ? On se souvient du film de Kurosawa : *Kagemusha*, où le mikado est protégé des flèches et des piques de l'ennemi par ce serviteur zélé qui, sorti du rang, essuie le coup fatal en lieu et place de son suzerain ; ou de cet autre, intitulé *Vivre*, où la scène finale donne à voir un vieux fonctionnaire municipal qui s'éteint en se balançant dans le parc public qu'envers et contre tout il a fini, à force de persévérance, par faire sortir de terre.

Jacques Chirac aura eu l'inestimable chance de compter auprès de lui quelques inébranlables fidélités, qui, contre l'avis de ses proches amis, l'auront empêché de tomber dans le piège grossier qu'on lui tendait. Un piège qui aurait eu peut-être raison de son destin politique.

Mairie et « cohabitation » (1986-1988)

La « cohabitation » est un marché de dupes. Ou, si l'on veut, un vrai « dîner de cons ». Le plus con des deux n'étant pas toujours, comme dans le film, celui qu'on pense.

Les Français s'accordent à rechercher une apparence de consensus politique. En réalité, ils savent intuitivement que la « cohabitation » n'est qu'un faux-semblant. Que c'est au fond un duel à mort, même si c'est à fleuret moucheté. A trois reprises déjà, nos compatriotes ont néanmoins montré qu'ils s'accommodaient fort bien de la présence aux commandes de l'Etat d'un duo d'adversaires irréductibles.

Très tôt, dès 1985, la conviction l'emporte à l'Hôtel de Ville que cette « cohabitation » sera forcément le théâtre d'une lutte sans merci entre Jacques Chirac et le Président Mitterrand. Appuyé sur la majorité électorale issue du scrutin de 1986, bénéficiant de la logistique d'appui du bastion parisien, le Maire va tout faire pour se présenter aux présidentielles de 1988 dans les meilleures conditions possibles.

Comme je l'ai rappelé, c'est la période où s'affiche la mythique transposition : « Ce que nous avons fait pour Paris, nous le ferons pour la France ! » Dans la réalité, cette promesse a vite été mise en sourdine pour être finalement oubliée – réalisme oblige.

A l'Hôtel de Ville, peu après le départ de Jacques Chirac à Matignon, je participe à une réunion restreinte de quelques prétendus responsables. Par souci de décence, je tairai ici leurs noms. De toute façon, cet épisode peu glorieux est certainement resté inscrit dans leur mémoire. Anecdote hallucinante, mais révélatrice d'une ambiance de Café du Commerce qui en dit long sur le climat délétère de cette période. L'ordre du jour : rien de moins que l'examen des mesures pratiques permettant d'isoler le Palais de l'Elysée du reste du monde. Tout y passe : bloquer les dépenses présidentielles, couper l'eau, ne plus ramasser les ordures ménagères, inonder les égouts, etc. – et j'en passe. Hélas, le ridicule ne tue plus et aucun relevé de décisions n'a malheureusement été dressé à l'issue de cette réunion au demeurant aussi brève qu'instructive...

A partir du moment où Matignon est réinvesti, la Ville met tous ses moyens à la disposition de l'Etat. Au chapitre des emplois municipaux, il m'incombe de gérer l'effectif des agents « prêtés » aux cabinets ministériels, fort nombreux parmi les « officieux ». La Mairie de Paris sert en effet de base arrière à la logistique de contrôle mise en place pour s'emparer des rouages de l'Etat. Il ne s'agit même pas de mises à disposition, encore moins de détachements comme on l'entend d'ordinaire. Chacun sait la période aléatoire. Et qu'elle peut mal se terminer, ce qui sera d'ailleurs le cas. Courageusement, mais soucieux d'assurer leurs arrières, les transfuges envoyés dans les ministères ou à Matignon, préfèrent, avantages acquis aidant, ne pas couper le cordon ombilical avec la Ville plutôt que de prendre le risque d'un grand saut dans l'inconnu dont ils pourraient ne pas revenir.

De 1986 à 1988, une bonne centaine d'agents parisiens, dont une trentaine de hauts fonctionnaires de l'encadrement supérieur de la Mairie de Paris, sont ainsi allés « servir l'Etat ». En sourdine ou tout à fait officiellement, comme si de rien n'était, ils ont continué, durant toute cette période, à émarger au Budget municipal sans que la charge indue correspondante donne lieu à remboursement par l'Etat.

D'où des situations parfois ubuesques : tel ou tel s'est retrouvé du jour au lendemain avec deux chauffeurs, deux voitures de fonction, etc. Nous étions dans l'impossibilité pratique d'y mettre un semblant d'ordre. En cette circonstance, il n'est en effet que deux manières de régulariser les choses :

• Soit, la plus classique, par détachement à des emplois de l'Etat. Encore faut-il que les ministères disposent de ces emplois d'accueil. Dans cette éventualité, le cordon ombilical est rompu, et l'agent détaché auprès de l'Etat cesse d'être rétribué par la Ville. Un certificat de cessation de paiement en bonne et due forme est alors établi. L'agent détaché est désormais payé sur le budget de l'Etat.

• Soit on procède par voie de mise à disposition : les agents « prêtés » à l'Etat font l'objet d'une convention de mise à disposition, ils continuent d'être payés sur le Budget municipal, à charge pour l'Etat de rembourser leurs émoluments par voie conventionnelle. En temps normal, en effet, les fonctionnaires d'Etat mis à disposition des cabinets ministériels continuent d'être rémunérés par leur corps d'origine ou leur employeur de rattachement, puisque aussi bien ils ne cessent pas d'être au service de l'Etat.

Malheureusement, à de rares exceptions près, les choses ne se sont pas passées aussi simplement. L'un de mes collaborateurs, Pierre Breuil, sous-directeur, s'est fait régulièrement détacher à un emploi du ministère des DOM-TOM ; il a donc libéré son poste de sous-directeur à la Ville et rendu sa voiture de fonction, ce qui m'a permis de recruter un successeur rétribué sur le poste budgétaire qu'il laissait vacant. Mais c'est là une exception qui confirme la règle. A ma connaissance, la régularisation des mises à disposition n'a jamais eu lieu. Or celles-ci étaient fort nombreuses et de qualité.

Le mauvais exemple est venu d'en haut : un membre du cabinet du Premier ministre, fonctionnaire détaché auprès de la Ville, a continué de percevoir son traitement municipal. Personne ne s'en est étonné. Il n'était pas question non plus de demander le compte des indemnités de cabinet ni des fonds secrets...

Autre cas à un niveau plus modeste, mais tout aussi révélateur : un magistrat de son état, détaché à la Ville, ayant de surcroît appartenu au cabinet du Premier adjoint – lui-même magistrat –, sert en réalité au cabinet du garde des Sceaux. La logique et l'équité eussent voulu qu'il renonçât au traitement municipal (et à sa voiture de fonction, avantage qui n'est pas attaché à son poste place Vendôme), pour reprendre un emploi dans son corps d'origine, la Justice. Il n'en fait rien, bien entendu, malgré des demandes pressantes. En 1997, durant l'intérim succédant à la dissolution, l'intéressé se heurtera à ses pairs magistrats qui s'opposeront avec succès, au Conseil supérieur de la magistrature, à sa nomination à un poste important du Parquet, en dépit des recommandations instantes du garde des Sceaux du moment, Jacques Toubon, autre élu parisien.

Mon inquiétude n'est pas feinte. Tous ces comportements fantasques et irresponsables, ces irrégularités diverses tombent sous le coup de la réglementation des cumuls. Celle-ci relève du simple bon sens : nul ne peut émarger aux caisses publiques au titre de deux entités juridiques distinctes, servir deux maîtres en même temps. Je rencontre d'ailleurs un épineux problème de poste budgétaire pour payer les remplacements. Je ne m'en sors – simple expédient provisoire – qu'en utilisant des postes vacants en d'autres catégories de personnels pour gager la contrepartie. Cependant, les « cumulards » – du moins suis-je en droit de le supposer – touchent, tout confondu, leurs émoluments à la Ville, les primes attachées en principe au service fait (qu'ils n'effectuent pas, puisqu'ils sont en activité de service du côté de l'Etat), et, cerise sur le gâteau, les indemnités de cabinet, voire les allocations sur fonds secrets ministériels...

Or, dans le cadre de mes fonctions, en qualité d'ordonnateur des dépenses de personnel, je suis responsable vis-à-vis du comptable public de la bonne fin de la paie des agents de la Ville. C'est-à-dire de la clarté et de la régularité permanente des opérations de paie. Ma responsabilité d'ordonnateur est une réalité. En droit financier public, prévaut en France le principe de la stricte séparation de l'ordonnateur et du comptable. Dans la mesure où j'engage la dépense, je peux être sanctionné par une comparution en Cour de discipline budgétaire. La Cour des Comptes peut aussi me déclarer comptable de fait et me faire mettre en débet, c'est-à-dire m'intimer de rembourser sur mes deniers personnels les sommes irrégulièrement acquittées. On imagine, s'agissant de centaines de millions de francs... ! En outre, sur un plan pratique – qui n'est pas le moins préoccupant –, le comptable public est en droit de bloquer à tout moment la paie informatisée de l'ensemble des personnels municipaux en attendant que les cumulards régularisent leur situation...

Pour prévenir ce risque, qui est réel, je convaincs le secrétaire général de nous obtenir un rendez-vous avec le directeur de cabinet du Premier ministre. Courant août 1987, alors que je suis en villégiature au Croisic, je suis rappelé à Paris. A Matignon, instruit par l'expérience des contrats, j'expose que nous sommes à la merci du comptable qui, un jour ou l'autre, demandera des éclaircissements. Et, avant toute chose, il commencera par suspendre les mises en paiement. Dans une telle éventualité, l'ordonnateur peut certes lui enjoindre de payer quoi qu'il en soit ; mais, dans ce cas – au demeurant rarissime –, il est alors tenu de rendre compte au ministère des Finances, qui est automatiquement saisi. L'idée prévaut qu'il vaudrait mieux prendre les devants. Pourquoi ne pas profiter de la circonstance ? Le ministre délégué au Budget est en même temps l'adjoint aux finances à la Mairie de Paris : il pourrait écrire au comptable, dont il est le supérieur hiérarchique sous sa casquette ministérielle, pour lui enjoindre de continuer à payer, à charge de faire rembourser ultérieurement la Ville. C'est cette solution à laquelle tout le monde, en définitive, se rallie.

Je n'en entendrai plus parler. Cette formule, si elle a en définitive prévalu – ce que je ne sais pas –, avait tout de même l'inconvénient majeur de rendre un élu parisien juge et partie : ce dernier, en dépit de sa casquette municipale, imposait bel et bien un transfert de charges aux dépens de la Ville, au bénéfice de l'Etat. En fait, j'ignore si la correspondance adressée au comptable – pour autant qu'elle l'ait été – comprenait ou non un engagement de remboursement.

Comme on le sait, en effet, la cohabitation s'est mal terminée. Bien entendu, le contribuable parisien n'a pas été le moins du monde informé. Ses élus, pas davantage. Aucun débat public n'est jamais intervenu sur cette question devant le Conseil de Paris.

⁂

Autre illustration de la complexité des relations entre l'Etat et la Ville : le dossier néo-calédonien. Là encore, le dévoiement des moyens municipaux est avéré, et trouvera un terme avec le début de la cohabitation.

En sous-main, à l'insu des Parisiens, la Mairie de Paris et la présidence du RPR, jouant de la confusion des genres, apportent un soutien indirect, mais très important, aux autorités caldoches. Dans les années 1980, la logistique de la Ville de Paris est mise à la disposition du gouvernement territorial du RCPR dirigé par les anti-indépendantistes Jacques Lafleur, Gaston Flosse et Dick Ukeiwé. Des fonctionnaires parisiens de haut niveau sont délégués de manière quasi permanente en Nouvelle-Calédonie. La prise en charge des frais de mission correspondants n'est en rien justifiée par les activités habituelles d'une grande commune. La justification est purement politique : puisque les pouvoirs publics officiels du moment (les socialistes) refusent au gouvernement territorial les moyens de travailler normalement, donnons-les-lui ! Ainsi se succèdent régulièrement sur place de hauts cadres municipaux : notamment Daniel Naftalski et Pierre Steinmetz, sous-directeur chargé de la direction du cabinet du secrétaire général de la Ville, qui, du fait de leur carrière passée, sont tous deux de bons connaisseurs de l'outre-mer.

Bien évidemment, leurs séjours « officieux » dans le Pacifique ne passent pas inaperçus. Le gouvernement socialiste finit par en prendre ombrage. Un soir, je suis convoqué chez Robert Pandraud. Pierre Joxe, ministre de l'Intérieur, envisage la révocation pour l'exemple de trois des cadres de la Ville, fonctionnaires du ministère de l'Intérieur, détachés à la Mairie de Paris mais relevant des règles disciplinaires de leur corps d'origine. Ces trois agents ont en commun d'avoir effectué de trop fréquents séjours dans le Pacifique, pour la « bonne cause ».

Nous examinons les parades possibles. Les admonestations succédant aux menaces n'interrompent pas le cours des missions ni leur rythme. Jacques Chirac appelle lui-même son condisciple du lycée Carnot et de l'ENA, Charles Barbeau, conseiller d'Etat : à l'époque directeur général de l'Administration au ministère de l'Intérieur, il a reçu mission de Pierre Joxe d'enjoindre aux fauteurs de troubles de la Mairie de Paris de rentrer dans le rang. Jacques Chirac met en garde son condisciple contre toute initiative intempestive à l'encontre de ses plus proches collaborateurs.

A cette occasion, j'apprécie à sa juste valeur l'habileté manœuvrière de Robert Pandraud. Je crois qu'il n'a jamais pris vraiment au sérieux les menaces socialistes. L'œil facétieux, se balançant sur son fauteuil, un verre de whisky largement étendu d'eau à la main, il mène les opérations tambour battant. Surtout qu'il sait à quoi s'en tenir : en 1981, lui-même a été limogé de son poste de directeur général de la Police nationale. Juste revers de la médaille, il dispose de solides entrées au ministère. Son premier souci, pour vérifier la réalité de la menace, consiste à appeler l'un de ses fidèles, Jean-Michel Hubert, responsable des services financiers et de l'informatique au ministère. Ce dernier le rassure : aucune décision d'interruption de détachement, préalable nécessaire à l'ouverture d'une procédure disciplinaire, n'est prise ou en instance de l'être. Elle passerait forcément entre ses mains. Nous pouvons donc respirer un moment.

Pour détendre l'atmosphère, Pandraud, qui est dans un jour espiègle et dont le sang-froid est légendaire, s'offre l'occasion d'un de ces numéros comiques dont il a le secret. Sans l'ombre d'une hésitation, alors que nous sommes réunis tous les trois avec Daniel Naftalski, il appelle Camille Cabana sur la ligne directe qui le relie au secrétaire général. L'air on ne peut plus sérieux – tous deux sont détachés de l'Intérieur –, il le prévient que leur décret de révocation en Conseil des ministres se trouve sur le bureau de Pierre Joxe, au motif qu'ils ont signé les ordres des *missi dominici* de la Mairie en Nouvelle-Calédonie. Puis il raccroche, pouffant de rire, ayant peine à se contenir. Comme un gamin, il s'exclame avec son curieux accent du Puy : « Le pauvre, il ne va pas s'en remettre ! »

Par la suite, je retrouverai Jean-Michel Hubert. En 1985, limogé à son tour par l'Intérieur, il rejoindra la Mairie de Paris pour succéder à Jean-Claude Jolain à la direction financière en 1986. En 1992, il deviendra même secrétaire général. En octobre 1996, Chirac élu Président, il sera de ceux qui partiront pour cause d'incompatibilité d'humeur avec Jean Tiberi... A l'occasion d'un déjeuner, en 1988, au cours duquel j'évoquerai avec lui l'affaire calédonienne, je serai surpris de le voir m'exhiber en toute confiance, comme un trophée, le coupe-file tricolore de la Police nationale que, selon lui, lui a fait établir Robert Pandraud dans je ne sais trop quel but...

La cohabitation aura eu raison de ces turbulences calédoniennes. Contrôlant l'Etat, Chirac n'a plus besoin de dissimuler ces interférences. Celles-ci, on le sait, trouveront leur funeste épilogue deux ans plus tard, dans le sang et la confusion, à Ouvéa. L'un des tout premiers hauts fonctionnaires démissionnés de leur poste en 1986 par Jacques Chirac, Premier ministre sera Charles Barbeau. Cette politique d'aide souterraine à la Nouvelle-Calédonie aura coûté plusieurs millions de francs aux Parisiens qui, comme d'habitude, en auront tout ignoré. La curiosité du contribuable n'est pas de mise quand il s'agit de « grande » politique.

⁂

Pour en finir avec cette période et ses abus, je voudrais esquisser une mise au point. Tout à fait exagérément, la presse, depuis cette époque, s'est acharnée sur les seuls Camille Cabana et Robert Pandraud. Pendant la cohabitation, elle a eu vent que ces deux ministres de la République, nonobstant leur passage à l'Etat, auraient conservé des avantages associés à l'exercice de leurs fonctions passées à l'Hôtel de Ville, et ce, bien après 1986.

Bien entendu, il ne m'appartient pas de porter ici un jugement. J'interviens à un autre titre : l'origine de ces fuites distillées dans la presse réside à n'en pas douter dans les dossiers dont j'ai été délesté quand j'ai été interpellé le 24 juillet 1990, et qui me furent dérobés non pas par des enquêteurs de la Gendarmerie nationale, mais par des agents de l'Inspection générale de la Ville le 26 juillet. L'affaire se déclenche en effet alors que mon ancien collaborateur, Pierre Daffos, directeur en titre de l'Inspection générale, est en vacances, laissant à point nommé le champ libre à Guy Legris. Mes ennemis ont alors utilisés ces documents pour tenter de déstabiliser mes anciens patrons. L'évidence m'a paru si nette que, par courrier du 10 juillet 1991, j'en ai averti le secrétaire général de la Ville, le préfet Guy Maillard.

L'affaire filtre dans les journaux en juillet 1991. Un article de *L'Evénement du Jeudi* parle des « petits avantages en nature de MM. Pandraud et Cabana » que ces derniers auraient dû abandonner dès leur nomination, en 1986, en qualité de ministres.

La tradition des frais de représentation est une survivance préfectorale très ancienne. Elle n'a en soi rien d'irrégulier. Les secrétaires généraux et secrétaires généraux adjoints de la Mairie (quatre emplois au total) bénéficient d'un logement « par nécessité absolue de service ». Ceci résulte d'une délibération municipale en bonne et due forme, approuvée par la tutelle. Sous astreinte de nuit comme de jour, les titulaires de ces postes sont taillables et corvéables à merci. En outre, pour leur permettre de tenir leur rang, et en raison des charges de représentation qui sont les leurs, sont prévues des mises à disposition de personnels d'entretien de leurs appartements. Les crédits d'heures et les frais de représentation correspondants sont gérés par la sous-direction du Matériel de la direction de l'Administration générale.

En fait, Robert Pandraud n'aurait jamais occupé le logement de fonction qui lui était destiné. Il aurait cessé de bénéficier de l'assistance en personnel et en matériel de la Ville quand il fut élu député de Seine-Saint-Denis en 1988. Néanmoins, la malveillance à son encontre prévaudra. Des esprits intéressés tenteront d'en faire une affaire d'Etat en utilisant mal à propos des pièces administratives confidentielles dans le seul but de lui nuire. Le comptable avertira la Ville, rejetant pour le principe une facture de... 412,02 francs concernant un nettoyage des vitres de l'appartement personnel de Robert Pandraud. Ce qui n'a jamais signifié une quelconque imputation de malhonnêteté, comme d'aucuns essaieront mesquinement de l'accréditer.

Le grotesque ira jusqu'à la plainte. Le Parquet de Paris classera en échange d'une régularisation sous forme de remboursement, de la part des intéressés, des sommes indûment affectées à ces nécessités patrimoniales à partir de 1986...

La disgrâce (1986-1990)

A partir de 1986, le départ de Camille Cabana et de Robert Pandraud marque une rupture, le début d'une période nouvelle encombrée de difficultés majeures et, pour la plupart, inattendues. L'affaire du décret statutaire parisien marquera l'aboutissement de cette évolution tout en traduisant la défaillance foncière de l'équipe d'intérimaires qui dirige momentanément.

Au début, pris par la quotidienneté des problèmes – notamment la prise en charge de la « cohabitation » –, je n'y prête pas une attention suffisante. J'en suis aussi encore, il faut bien le reconnaître, à traiter les dernières séquelles des « privatisations ». Beaucoup plus tard, j'apprendrai qu'il aurait alors été question de me confier le poste de secrétaire général adjoint, mais que Jean Tiberi s'y serait personnellement opposé.

Le premier signe d'affaiblissement réside dans la personnalité du nouveau secrétaire général qui remplace Camille Cabana. J'avais conservé un bon souvenir du passage de Guy Maillard par la Préfecture, quand il avait déjà servi en qualité de sous-préfet auprès de Camille Cabana, dans les années précédant 1977. La nature des fonctions que j'exerce m'amène, par la force des choses, à entretenir de fréquents contacts avec lui. Or, mon désappointement n'a d'égal que ma surprise. L'homme que j'ai connu et apprécié n'est plus le même : on dirait que la carrière préfectorale l'a transformé de fond en comble. Il a été successivement en poste à Marseille comme secrétaire général de la Préfecture ; puis il a obtenu la casquette préfectorale à la Guadeloupe. Après avoir occupé les fonctions de directeur de cabinet du préfet de police à Paris, il a été en dernier lieu préfet des Yvelines. Détails extérieurs : ses cheveux ont blanchi, le visage s'est affadi, comme empreint d'une réelle lassitude. J'avais gardé le souvenir d'une personnalité affable et bienveillante ; le personnage que je rencontre est désormais verrouillé, dénué d'aspérités, d'une aménité de commande.

Au fil des réunions qu'il préside et où l'absence d'esprit de décision frappe les participants, nous voyons apparaître des élus qui viennent s'immiscer dans le dispositif décisionnaire alors que, de tout temps, Camille Cabana et Robert Pandraud prenaient bien soin de les tenir en lisière ou de ne les associer qu'une fois l'orientation prise ou la décision arrêtée.

Quant à Daniel Naftalski, qui a succédé à Robert Pandraud, il n'a ni la stature ni la marge de manœuvre de son prédécesseur. Il est affligé d'un directeur adjoint symbolique et d'un chef de cabinet de second rang. Naftalski ne tarde pas à me faire entendre combien il lui est difficile de faire bouger les gouvernes de l'équipe municipale. Je comprends vite qu'il n'entend pas rester, qu'il est surtout soucieux d'assurer la consolidation de sa situation matérielle. Il s'attache rapidement à faire reconnaître sa qualité de secrétaire général adjoint afin d'être logé par nécessité absolue de service. Le résultat atteint, il se fait attribuer un appartement remis à neuf du patrimoine de la Ville. A l'occasion de la révélation par la presse du scandale des « appartements de complaisance », j'aurai la surprise d'apprendre qu'il a conservé le sien, tout en le louant désormais à la Ville, après avoir quitté le service municipal en 1989 pour le privé. La Légion d'honneur lui aura été remise en grandes pompes à l'Hôtel de Ville peu avant son départ...

Pendant que le Maire est à Matignon, les commandes de la Mairie ne répondent donc plus. La grande force de Cabana et Pandraud résidait dans leur charisme personnel et leur pouvoir de décision sans partage. Derrière eux, en contrepartie, confiants dans leur soutien sans faille, ils pouvaient compter sur l'appui total des directeurs de la Ville et des services. Une devinette avait d'ailleurs cours dans les services, qui en disait long : « De qui les élus demanderaient-ils la tête au Maire s'ils avaient le loisir d'en exprimer le vœu ? » Réponse unanime, sans l'ombre d'une hésitation : « Celle de Camille Cabana ! »

Le départ du Maire pour Matignon entraîne l'émergence d'une « camarilla » qui – ainsi que je l'ai décrit – entend s'arroger la conduite des affaires de la Ville. Ses choix, dès qu'ils deviennent perceptibles, manifestent que la Ville est désormais reléguée à l'arrière-plan et gouvernée de la main gauche. De fait, curieusement, c'est cette structure qui gérera les affaires courantes. De 1986 à 1988, on serait bien en peine de dire quelles avancées ont été initiées pour Paris par une Mairie quasi inexistante. Tout est alors suspendu au résultat des élections présidentielles.

Avec le recul du temps, je me suis même demandé si Jean Tiberi, en réalité, n'avait pas préparé les assises de sa future ascension aux responsabilités de Maire dès l'année 1988. Espoir fort heureusement ruiné par l'échec de Jacques Chirac aux présidentielles de cette année-là.

J'aurais dû quitter la Mairie dès ce moment. Je vais alors commettre une erreur gravissime, sans grande portée sur l'instant, mais qui, par la suite, va se retourner contre moi et sera à l'origine de ma perte. Courant 1987, à l'instigation de mon beau-père, ami de Jacques Féron, le maire du XIXe arrondissement, ce dernier m'offre de lui succéder à l'occasion des élections de mars 1989. Ne pouvant rester fonctionnaire municipal en cas d'élection, je devrai, le cas échéant, me replier sur mes intérêts familiaux. Jacques Féron se charge d'en parler à Jacques Chirac, cependant que j'expose cette proposition à Guy Maillard, Alain Juppé, Roger Romani et Jean Tiberi. Pour mon malheur, la réponse ne viendra jamais, tout au moins sous la forme que j'escomptais. Philosophiquement, j'en déduirai que la requête de Jacques Féron n'a pas été jugée recevable par les hautes autorités de la Ville, et je n'en parlerai plus. Quand, plus tard, courant 1990, je serai en fonction à la SEMAVIP, dans ce même XIXe arrondissement, mon beau-père commettra l'imprudence de faire état de cette candidature avortée auprès de garagistes avec lesquels je l'avais mis en relation. L'un d'eux a précisément été élu en mars 1989 sur la liste de Jacques Féron : le message n'est certainement pas passé inaperçu dans le XIXe arrondissement et je pense que ce qui nous est arrivé a constitué la réponse que je n'attendais plus...

⁂

A partir de ma mise à l'écart en juin 1988, je peux souffler et prendre quelque recul. En fait, remercié dans les conditions que l'on sait, je vais être maintenu en fonction jusqu'au 8 juillet suivant. Ce qui va me permettre de vivre une partie de la tragi-comédie qui suit le retour du Maire à l'Hôtel de Ville.

Apprenant mon « débarquement », de son écriture illisible, le préfet Maurice Doublet, indigné, m'envoie un petit mot qui me fait chaud au cœur. Aucune élégance de cet ordre de la part de Guy Maillard qui laissera faire tout en m'avouant plus tard qu'il « s'est interrogé » (?). Tout cela n'était pas bien digne, mais si conforme... Son directeur de cabinet s'empressa de me fermer les portes en dépit de mon affectation toute théorique auprès du secrétariat général. N'attendant rien, je ne pouvais être déçu....

Jusqu'au 8 juillet 1988, je liquide donc les affaires courantes. L'explication est somme toute banale : mon successeur désigné, Bernard Monginet, nommé moins d'un an plus tôt préfet, ne dispose pas de l'ancienneté suffisante dans cet emploi (un an) pour pouvoir bénéficier d'un détachement depuis l'Intérieur sur un emploi municipal de directeur général... Quand il s'en aperçoit, il n'a d'autre ressource que de prévenir Maillard, lequel m'invite à rester en fonction en attendant la date fatidique du 8 juillet où, Monginet remplissant enfin toutes les conditions, je pourrai partir en vacances...

Compte tenu des circonstances « euphoriques » de cette transition, je n'aurai que le minimum de contacts avec mon successeur. Je lui laisserai le 8 juillet une direction en ordre. Il n'y aura ni cérémonie ni familiarités. Ma religion est d'ailleurs définitivement faite quand il m'indique qu'il entend signer non plus, comme je le faisais, « le directeur de l'Administration générale », mais « *le Préfet*, directeur de l'Administration générale »...

N'eût été cette traverse préfectorale inattendue, si incroyable que cela paraisse, le 15 juin 1988, j'aurais dû faire mes paquets dans les quarante-huit heures, comme un laquais. Quelques jours plus tard, j'appelle Daniel Naftalski pour lui rappeler sa promesse de me trouver un bureau à l'Hôtel de

Ville. D'abord évasif, il finit par me répondre qu'il n'a rien trouvé... et qu'il faut que je me débrouille par moi-même. Il est vrai que je n'avais pas l'excuse d'ignorer que les promesses de Jacques Chirac, n'est-ce pas, n'engagent que ceux qui les reçoivent !

Je me « débrouille » pour me faire aménager un petit bureau sous les combles, au quatrième étage de l'immeuble Lobau. Entre-temps, j'aurai eu à régler l'accueil à l'Hôtel de Ville d'un certain nombre de protégés du Premier ministre, repliés de Matignon. Christine Albanel de Lagarde souhaitera être recasée comme sous-directeur. J'y ferai obstacle, assuré d'un recours contentieux de la part de l'encadrement de la Ville, l'intéressée ne remplissant pas les conditions statutaires d'accès à l'emploi. Mais qu'à cela ne tienne : après mon départ, elle aura, dit-on, été nommée directeur...

Une « Déléguée générale » – nouveau titre ronflant inventé pour l'accueil des « rapatriés » de Matignon – débarque dans mon bureau, toutes voiles dehors. Manifestement, dans son esprit, l'appellation l'emporte de beaucoup sur celle de directeur général. Je suis forcé de la décevoir en lui expliquant que le titre n'emporte pas reconnaissance par le comptable d'un échelonnement indiciaire particulier. Elle souhaite obtenir deux secrétariats, deux services de voiture de fonction, la possibilité de faire prendre en charge ses déplacements du week-end pour rejoindre son mari, préfet en province. Légèrement excédé, je l'éconduis poliment. Guy Maillard, que je tiens informé, m'apprend quelque temps plus tard que le Maire a fini par s'en débarrasser.

Deux ans durant, j'attends une nouvelle affectation qui tarde à venir.

Je suis chargé de deux rapports concernant la poursuite de la politique de privatisations et l'intéressement des personnels. Je m'occupe en participant à des jurys de concours. A la demande de Camille Cabana, qui dirige l'équipe de campagne en vue des municipales, je rédige quelques papiers de fond sur des sujets que je connais bien.

En mars 1989, à quelques pas de Jacques Chirac, j'assiste à l' Hôtel de Ville à la réélection du Maire. Je suis là encore témoin d'une scène de genre assez extraordinaire. L'issue de l'élection ne fait aucun doute. L'ensemble des arrondissements parisiens ont été gagnés par la majorité RPR-UDF. La déroute de Paul Quilès, qui a déjà conduit les listes socialistes aux municipales de 1983, est complète. La grande salle des séances est pleine, bruissante d'allées et venues et de conciliabules entre les nouveaux élus qui échangent leurs congratulations.

Comme à l'ordinaire, parmi mes collègues, je suis placé sur l'un des bancs qu'occupe l'administration, en face des travées où siègent les élus. Observatoire imprenable.

Le doyen d'âge, présidant la séance pour la circonstance, occupe à la tribune le fauteuil laissé vacant par le Maire. Assisté de ses deux assesseurs choisis parmi les conseillers les plus jeunes et qui composent le bureau, le président organise l'élection du nouveau Maire.

A quelques mètres, j'observe Jacques Chirac. Il est installé à la place que l'ordre alphabétique lui assigne dans les travées. Alors qu'autour de lui les conversations vont bon train, que les conseillers circulent de place en place dans un extraordinaire brouhaha, l'ancien et futur Maire est concentré, attentif, tendu à l'extrême. Le visage fermé, il suit des yeux le trajet accompli par chaque conseiller qui, muni de son bulletin, se rend à la tribune à l'appel de son nom. Les huissiers recueillent les votes dans de grandes urnes rondes, les bulletins sont ensuite décomptés par les assesseurs, et le contenu des suffrages annoncé au fur et à mesure par le président. Je sens l'agacement du Maire, tout à la contemplation de cette besogne, peu soucieux de se laisser distraire, fût-ce un instant, écartant brutalement les importuns d'un geste de la main.

Le tout prend pas mal de temps, car les conseillers sont au nombre de 163. L'appel nominal est un rituel immuable. Les groupes de l'opposition ont présenté des candidats pour la forme. Le résultat du vote ne paraît faire de doute aux yeux de personne. Pourtant, j'observe, fasciné, Jacques Chirac cochant d'un trait de crayon, avec une application extrême, les votants au fur et à mesure qu'ils montent à la tribune. Comme quoi, en politique, il n'y a jamais de « détails ».

Soudain, je comprends l'évidence lumineuse qui m'avait jusque-là échappé : Chirac n'est pas sûr de sa majorité ! Jusqu'à l'ultime vote, il redoute un coup de Jarnac de dernière minute...

Puis, à l'annonce du résultat, soudain détendu,

le grand corps longiligne se déplie. A grandes enjambées, cette fois tout sourire, vivement éclairé par les techniciens de la télévision qui filment ce moment historique, sous les ovations des conseillers de sa majorité rassemblée, tous debout, il se précipite à la tribune pour se réapproprier son fauteuil.

⁂

Courant 1989, Camille Cabana, me sachant inoccupé, me demande de l'aider à la constitution de la société anonyme « Etape Communication » dont il assure la présidence et qui est chargée de la réorganisation de la presse du RPR.

Le 8 mars 1990, je suis nommé directeur général de la société d'économie mixte d'Aménagement de la Ville de Paris (SEMAVIP), en charge d'opérations d'aménagement importantes à Manin-Jaurès et en bordure du Bassin de la Villette, dans le XIXe arrondissement.

Le 24 juillet suivant, je suis interpellé à mon bureau par la section de recherche d'Ile-de-France de la Gendarmerie nationale.

Victime d'un « règlement de comptes »

En contribuant à la dénonciation des conduites mafieuses dont j'ai été le témoin mais aussi la victime, j'espère que ce livre pourra œuvrer à ma réhabilitation judiciaire. Mais mon intention n'est pas de refaire ici mon procès.

En 1993, trois ans après les faits, au terme d'une instruction conduite à charge, j'ai été lourdement condamné. Ma vie et ma carrière ont été à jamais brisées. A deux reprises, j'ai fait de la prison, avec toutes les humiliations que l'on imagine et pour moi-même et pour mes proches.

La première fois, j'ai été maintenu près de cinq mois en détention provisoire. J'imagine que le juge d'instruction voulait faire pression sur mon beau-père, qu'elle avait dû libérer pour raisons de santé. Le calcul pouvait paraître simple : en gardant le gendre, le beau-père – en adoration devant son unique petite-fille – finirait bien par faire des révélations. C'est la Chambre d'accusation qui m'a libéré, contre l'avis du juge d'instruction. J'ignorais à l'époque que la détention provisoire est pratiquement toujours l'anticipation d'une peine d'emprisonnement ferme, laquelle ne saurait lui être inférieure, et que le jugement définitif vient donc confirmer le temps passé en prison au titre de la prévention. Le juge d'instruction, qui en prend la responsabilité, contrairement à tous les principes, est donc à la fois juge de l'enquête et en même temps, par le biais de la détention provisoire, juge définitif, puisqu'il fixe de fait la peine minimale à infliger... et l'inflige !

La seconde fois, j'ai été détenu illégalement pendant plus d'un mois et demi, le mandat de dépôt n'étant ni spécial ni motivé, s'agissant d'une peine de prison ferme.

Je ne vais pas reproduire ici le détail d'une procédure qui, au dossier pénal, comporte plus de mille cotes. Disons que l'affaire à laquelle j'ai été mêlé ressemble à s'y méprendre à l'affaire Schuller/Maréchal. Une mallette est remise entre les mains de mon beau-père, un homme âgé qui se déplace avec difficulté, sur le pas de la porte d'un restaurant. Le « biscuit » qu'elle est censée contenir – en fait, des coupures de papier massicotées à la Mairie de Paris –, m'arrive en pleine figure, à la manière de la tarte de l'« entartreur », puisque je suis présumé en être le destinataire...

C'est vrai, je l'ai déjà dit : j'ai commis l'insigne imprudence de présenter mon beau-père à des garagistes avec lesquels j'étais en relations de travail. Je ne l'ai jamais dissimulé et ne le regretterai jamais assez. Profitant de l'occasion de cette mise en contact, ces derniers n'ont pas hésité à porter plainte contre moi. Ils ont laissé accroire que j'aurais pu charger mon beau-père de leur extorquer 4 millions de francs pour faciliter l'éviction d'un de leurs garages que j'étais chargé d'exproprier au bord du Bassin de la Villette. De cela, il n'y a pourtant jamais eu le moindre commencement de preuve. En fait, j'ai été condamné sur ma mine, parce que je n'aurais pas dû me trouver là. Je n'aurais pas dû ignorer que l'on ne prête qu'aux riches. Mon influence, fût-elle simplement supposée (article 178 du Code pénal), suffisait à qualifier le délit : pensez donc, un énarque !

Je le dis hors de toute justice et en toute sérénité, sans crainte d'être démenti. Comme l'exprime si bien le langage policier, une « construction » nous a été montée par une « officine » dépendant de l'Hôtel de Ville de Paris, à l'instigation d'auteurs cachés derrière le paravent de la plainte des frères Bilan, garagistes. En octobre 1990, les responsables de ce « coup tordu » seront pris à leur tour la main dans le sac par *Le Canard enchaîné* dans ce qui restera dans les annales comme le scandale des « écoutes sauvages » de la Mairie de Paris.

Là encore, le Maire, en déplacement au Japon, fera savoir qu'il n'était au courant de rien, qu'on l'imagine mal faisant surveiller l'un de ses subordonnés chargé d'acheter des carottes et des navets pour l'approvisionnement des restaurants de la Ville...

Le 24 juillet 1990, mon beau-père est donc appréhendé par la section de recherches de la Gendarmerie nationale d'Ile-de-France alors qu'on lui remet une mallette censée contenir une somme d'argent qu'il niera jusqu'à son dernier souffle avoir jamais réclamée. Le jour même, je suis interpellé en qualité de commanditaire allégué d'une opération qui relève des Pieds Nickelés...

En politique, on assassine. On fait bon marché de la considération qui s'attache à l'honneur. Comment mieux le faire que par le détour d'une incrimination de droit commun ?

En juin 1991, un transfuge de l'officine qui a monté la « construction », un ex-gendarme, Humbert Rosenzweig, aux ordres de Guy Legris, révélera le pot aux roses. Ses révélations sont époustouflantes. Une provocation a bien été montée de toutes pièces, mon beau-père n'a jamais réclamé d'argent à qui que ce soit. L'intéressé en est d'autant plus certain qu'il était chargé d'écouter et d'enregistrer illégalement les conversations téléphoniques. A travers mon beau-père, c'est moi qui étais visé, en raison des fonctions que j'exerçais à la Ville.

Mon beau-père meurt en 1993, miné par cette affaire. Une plainte est déposée à l'encontre de l'ex-commissaire des Renseignements généraux Guy Legris, exécutant de ce coup monté, directeur en titre, paraît-il, depuis 1997, à la Ville de Paris, quoique retraité ; et, à l'époque, grâce à une curieuse confusion des genres, également adjoint du secrétaire départemental de la puissante fédération RPR de Paris, qui n'est autre que le Maire de Paris, Jean Tiberi. Cette plainte est toujours en cours d'instruction.

J'ai été rayé des cadres en 1995 après le rejet de mon pourvoi en cassation. Je n'ai jamais été traduit en conseil de discipline dans mon corps d'origine. Je n'ai jamais été révoqué. Privé d'affectation, confiné chez moi, j'ai continué à percevoir mes émoluments de la Mairie de Paris de 1990 à 1993, et ceux de l'Etat (ministère de l'Intérieur) jusqu'à ma radiation des cadres en 1995.

Dans le dossier constitué par Guy Legris à mon encontre – sorte de rapport d'enquête sur mes activités au sein de la SEMAVIP – figure l'indication suivante : « des faits présentant un caractère trop particulier devant faire l'objet d'une *note blanche* séparée ». En dépit de mes demandes réitérées, je n'ai jamais pu obtenir communication de ce « blanc » de l'ancien commissaire des Renseignements généraux. Non plus que du rapport demandé par la Mairie de Paris au préfet Rémy Chardon après le déclenchement du scandale des écoutes téléphoniques « sauvages » dans lequel s'était déjà illustré le même Guy Legris en 1990.

Pour mémoire, rappelons que le nom de ce dernier apparaît dans le dossier judiciaire des listes électorales « manipulées » dans les IIIe et V^e^ arrondissements de Paris où se faisaient élire respectivement Jacques Dominati et Jean Tiberi.

Et le Maire de Paris, comment diable se fait-il qu'il n'ait pas été au courant de ce qui se tramait dans son entourage ?

Je veux bien qu'à l'occasion des rares contacts que j'ai eus par la suite avec certaines autorités municipales, bien après ce qui m'est advenu, on ait plaidé en haut lieu l'ignorance de ce qui s'était tramé à mon encontre. Mais il me paraît encore bien plus inquiétant qu'on l'ait ignoré. Humbert Rosenzweig, entendu par la justice en 1993, a du reste témoigné que Jean Tiberi, au cours du deuxième trimestre 1990, et peut-être même avant, a reçu régulièrement Guy Legris qui le tenait informé de la progression de l'enquête dont, à mon insu, j'étais l'objet.

Je ne désespère pas qu'un jour justice nous soit rendue. J'espère en tout cas que ce livre m'aidera à faire éclater la vérité.

L'inéluctable chute de la « Maison Tiberi »

S'interrogeant sur l'héritage du gaullisme et sur qui pourrait aujourd'hui s'en réclamer, Maurice Druon, secrétaire perpétuel de l'Académie française, a dénié à la machinerie RPR toute ambition autre que de servir l'ascension d'un présidentiable : « De grâce, que nul parti ne s'appelle plus gaulliste. Le gaullisme a été dénaturé le jour de 1976 où [...] le vieux "rassemblement" du Général a été transformé en ascenseur destiné à hisser un présidentiable. Il est parvenu, lentement et après quelques pauses, à monter son passager à l'étage élyséen. Et maintenant ? Les garçons d'ascenseur, craignant d'être au chômage, se battent entre eux pour savoir qui restera employé à astiquer les cuivres de cette machine devenue inutile » (*Le Figaro*, 17 juin 1998).

Le même raisonnement vaut pour l'ascenseur de la Mairie de Paris. D'ailleurs, si ce que rapportent les journalistes est exact – et on n'a guère de raisons d'en douter – Jacques Chirac lui-même en conviendrait :

« Paris a connu sa puissance parce que j'étais le chef de l'opposition et que chacun savait que j'aspirais à un autre destin. Avec un autre maire, Paris redeviendra une municipalité banale » (*Le Monde*, 17 avril 1998, page 6).

L'erreur de Jacques Chirac aura été double : affecter de croire qu'on pouvait, d'une chiquenaude, se débarrasser du vaisseau municipal, surtout quand celui-ci est en passe de sombrer. S'imaginer surtout que, comme le *Titanic*, le naufrage de l'Hôtel de Ville n'aspirerait vers les profondeurs que ceux qui se sont accrochés à l'épave.

On ne soulignera jamais assez le rôle de révélateur que joua l'affaire des « logements de complaisance ». Les Français ont gardé en eux un vieux fonds paysan, ils n'aiment pas qu'on joue avec leur patrimoine. Le logement reste de nos jours un problème si difficile, pour eux et surtout leurs enfants, qu'ils ne comprennent pas qu'on puisse y multiplier les abus.

Ce scandale a fait notamment venir sur la place publique le dossier de celui qui, en 1995, a été élu Maire de Paris.

Il faut remonter à Michelet pour comprendre le phénomène. Dans l'introduction à son *Histoire de la Révolution française*, l'écrivain se penche sur les origines du séisme. Il estime que 1789 a été la réaction tardive de la justice contre *le gouvernement de la faveur et la religion de la grâce* : « Nous l'avons dit : la religion de la grâce, *partiale pour les élus*, le gouvernement de la grâce, *dans les mains des favoris*, sont tout à fait analogues » (*op. cit.*, page 63).

La morale populaire l'entend ainsi : ne prenez pas les gens pour plus bêtes qu'ils ne sont ; vous pourriez tomber sur plus bête que vous. C'est la leçon explicite d'une pièce à la mode, *Le Dîner de cons*, dont Jean Tiberi se flatte d'avoir regardé un enregistrement dans l'avion à son retour du Liban, après le sommet des villes francophones tenu à Beyrouth (*France-Soir*, 30 juin 1998). Oui, les Français et en particulier les Parisiens en ont assez d'être pris pour des cons.

Interviewé par Jean-Pierre Elkabach en mai 1998 peu après le déclenchement du scandale des « emplois fictifs » à la Mairie de Paris, Jean Tiberi n'ira-t-il pas jusqu'à s'estimer « intouchable » ? Et de le répéter à plusieurs reprises, sans que l'on sache si, dans son esprit, cela revient à se ranger au-dessus des lois ou s'il a compris la connotation ironique d'une autocomparaison qui en ferait un spécimen de la caste indienne des parias ?

Le magazine américain *Time*, de longue date peu complaisant envers la France, ira jusqu'à écrire que de tels comportements, s'ils advenaient aux Etats-Unis, entraîneraient à coup sûr la mise à l'écart définitive des hommes publics mis en cause.

Dans ce contexte, les jours de Jean Tiberi sont bel et bien comptés. Ce n'est même plus de l'ordre du réquisitoire ou de l'hypothèse. C'est un simple constat : la remarque cruelle du maire d'Issy-les-Moulineaux, André Santini, d'après qui l'ex-maire du Ve arrondissement aurait géré la Mairie de Paris comme un village corse, n'est pas qu'un bon mot. Déjà, dans les années 1980, alors que j'étais directeur des Affaires scolaires, j'avais été profondément choqué que ledit maire du Ve s'arrogeât le privilège, sans en rendre compte à personne, d'attribuer l'un des logements de fonction de l'école du 242 rue Saint-Jacques, que nous venions de surélever, à un quidam dont la seule qualité justifiant ce pur passe-droit était d'être officier municipal dans l'arrondissement, autant dire un militant RPR patenté et dévoué...

A l'occasion des élections européennes de 1983 – dans le bureau de celui qui n'était encore que le premier adjoint –, je fus de manière fortuite le témoin médusé et gêné d'une scène édifiante au cours de laquelle son chef de cabinet « tractait » le retrait d'une candidature « sauvage » contre la promesse d'un avantage matériel : une voiture avec chauffeur, si j'ai bonne mémoire...

Une autre fois, j'assistai bien involontairement à un entretien téléphonique avec le président d'une des principales sociétés d'économie mixte de la Ville, autre élu important, qui se voyait intimer l'ordre de retirer un mémoire de l'ordre du jour du Conseil de Paris – le choix des entreprises retenues n'ayant pas eu, semble-t-il, l'heur de convenir en haut lieu...

Après les élections de 1983, Jacques Chirac décide très justement d'affecter les allocations de crédits municipaux par priorité à l'Est parisien (XIIIe, XVIIIe, XIXe et XXe arrondissements).

Chacun sait, à la Ville, que le Ve arrondissement est ultra-équipé et qu'il faut se battre les flancs pour y trouver des projets à réaliser. Néanmoins, Jean Tiberi, sans rire, tente de faire admettre que son fief figure au nombre des arrondissements prioritaires et que la ligne séparatrice entre l'ouest et l'est de Paris passe au milieu du boulevard Saint-Michel !

Dans la période récente, la malencontreuse affaire de ses deux enfants, locataires privilégiés de la Ville de Paris et de son « parc social », alors qu'ils disposent de loyers provenant d'immeubles de rapport, n'a rien arrangé. C'est la combine qui révolte, et son côté « gagne-petit ». Outre le ridicule (et le scandale) de se faire loger dans de telles conditions dans le parc *social* de la Ville, les revenus que tirent ses enfants de ces locations devraient leur permettre de payer sans difficulté un surloyer justifié ou de s'acquitter d'un loyer du marché. Il est un temps pas si lointain où une pareille rente permettait de vivre sans encombre et surtout sans le secours des contribuables !

La femme de César se doit d'être inattaquable : les 200 000 francs du rapport attribué à Xavière Casanova font cher la « pige ». Sans parler de l'« emploi » qu'elle aurait occupé, paraît-il, au Conseil général de l'Essonne. La presse rapporte qu'elle aurait parallèlement été la collaboratrice parlementaire de son mari député, et rémunérée comme telle... Toujours plus !

Pour charger encore la barque s'ajoutent les frasques du fils. Les travaux d'aménagement de son appartement de complaisance, rue Censier, ont été financés par le contribuable parisien. L'opinion apprend que Dominique Tiberi aurait continué d'être payé par Air France, entre le 14 mars 1993 et le 31 décembre 1995, alors que dans l'intervalle il était le chef de cabinet de Roger Romani, ministre des Relations avec le Parlement, colistier de son père dans le Ve arrondissement. Le secrétariat général du gouvernement remboursait discrètement la compagnie nationale, sans les intérêts. Il y en aurait eu, paraît-il, pour plus d'un million de francs. Les pilotes d'Air France décidaient de porter plainte contre la compagnie, ainsi qu'au titre d'autres « emplois fictifs ». L'avanie finale est venue d'Edouard Balladur, qui a écarté ce fils prodigue de l'argent public de la liste qu'il a conduite aux élections régionales.

Toujours révélateur de ce climat clanique : le 20 août 1996, Jean Tiberi signe la lettre qui exonère Alain Juppé de tout reversement à la Ville en raison de l'insuffisance de loyer de son appartement de la rue Jacob qu'il s'est consenti à lui-même et qui sera vendu aux enchères en 1997 dans les conditions que l'on sait.

Pour couronner le tout, on ne nous fera pas grâce des misérables combinaisons – encore plus graves que le reste – qui conduisent à douter de la sincérité des listes électorales du Ve arrondissement. Le Maire lui-même semble avoir renoncé aux deux recours qu'il a engagés à l'encontre de Lyne Cohen-Solal et du *Canard enchaîné* qui s'offrent à apporter la preuve de ce qu'ils avancent en justice.

Le 23 février 1998, devant le Conseil de Paris,

des échanges d'une rare vivacité concluent cet édifiant catalogue de turpitudes. Le sénateur socialiste et conseiller de Paris Bertrand Delanoë détaille en séance les attendus sévères du Conseil constitutionnel qui accompagnent la validation de la réélection du Maire de Paris en qualité de député du Ve arrondissement. Jean Tiberi le prend violemment à partie, l'accusant d'« insulter Paris » en mettant en cause « la moralité politique du premier magistrat de la capitale ». Comme s'il était en situation de donner des leçons ! Il s'attire incontinent la réponse du berger à la bergère : « Qui insulte Paris ? réplique Bertrand Delanoë. Sans agressivité aucune, je voudrais simplement vous rappeler que, pour ma part, je n'ai jamais logé de proches dans le parc social de la Ville, jamais engagé de frais somptuaires aux frais du contribuable, ni jamais été concerné par quelque intervention héliportée que ce soit, destinée à éviter la mise en examen d'une personne chère... »

On ne saurait mieux dire. N'importe quel contribuable parisien pourrait reprendre ces propos à son compte. Ils dénoncent des méthodes et des procédés dignes d'une république bananière, émanant d'une caste sûre de son impunité, que de tels agissements disqualifient.

Ce sont ces mœurs que l'opinion entend censurer. Dans l'actualité récente, trois indices ne trompent pas ceux qui, comme moi, ont appartenu au sérail.

Le premier est la défaite électorale aux municipales de 1995, prolongée et amplifiée par l'échec qui s'ensuit aux législatives de 1997. Les extrapolations effectuées dans les arrondissements acquis à la majorité municipale montrent que la gauche peut désormais l'emporter à Paris.

On ne change pas une équipe qui gagne. Soit, mais une équipe qui perd ? Chirac n'a jamais perdu quoi que ce soit à Paris. Au contraire. Mais six mairies d'arrondissement sont à présent définitivement perdues alors que Jacques Chirac, lors des trois échéances précédentes (1977, 1983, 1989), avait réussi trois « grands chelems » consécutifs. Sept des vingt députations parisiennes sont passées aux mains des socialistes en juin 1997. A Paris, la gauche est en passe de s'arroger quelques sièges sénatoriaux à l'occasion du renouvellement triennal des sièges, s'agissant d'une élection au suffrage indirect par un collège composé d'élus municipaux et nationaux.

Le second signe indéniable de l'affaiblissement de Jean Tiberi est consécutif aux déboires municipaux de 1995. Pour contrer la grogne de ses alliés UDF à Paris, le nouveau Maire a été contraint de partager ses pouvoirs. Il a accordé des délégations de signature à ses principaux adjoints. Symptôme nouveau de balkanisation. De mon temps, en effet, hormis Juppé, Tiberi et Romani, aucun autre adjoint ne disposait de la signature du Maire, contrairement à ce qui se passe d'ordinaire dans une municipalité de droit commun. Par contre, tous les directeurs étaient personnellement détenteurs de la signature du Maire, par-dessus la tête des adjoints.

Troisième signe : la guerre picrocholine qui vient de ravager le sérail parisien et dont l'armistice provisoire prélude à de nouvelles veillées d'armes, tout en laissant des traces indélébiles. Qu'on ne s'y trompe pas : le sursaut de ceux que le Maire de Paris, déstabilisé, appelle les « putschistes », conduits par Jacques Toubon, procède bel et bien de l'analyse de la débâcle électorale. Malheureusement, leur tentative de coup de force a révélé leur incroyable amateurisme. D'où le vaudeville à rebondissements des semaines qui ont suivi, avec ses ravaudages successifs. D'où l'absence de vrai consensus sur le règlement imposé de l'extérieur par une bureaucratie de parti, avec son cortège de menaces d'exclusion. D'où, enfin, l'apparent soutien apporté par le Président au dauphin qu'il a désigné, mais à la manière dont la corde soutient le pendu : dernier avertissement avant la chute fatale...

Une fois son objectif atteint, la présidence, Chirac a en effet affiché un complet désintérêt pour la Mairie. Ce n'est d'ailleurs pas une nouveauté : bien avant son arrivée à l'Elysée, cette indifférence était déjà perceptible. L'un des journalistes du *Monde* qui l'interroge sur les premières rumeurs de scandale à propos des marchés de l'Office d'HLM de Paris s'entend répondre : « Voyez Tiberi ! »

Le candidat Président a tout sacrifié à son élection. Peut-être même s'est-il laissé dépasser par les imprudences de son dauphin désigné. A moins qu'il n'ait mésestimé la pugnacité de ce dernier. Le maire putatif, de son côté, candidat depuis 1988, ne veut pour rien au monde lâcher la proie pour l'ombre. Lors de sa fameuse perquisition au 1, place du Panthéon, le juge Halphen saisira un petit carnet noir où Mme Tiberi a consigné son amertume que Jacques Chirac et Alain Juppé aient abandonné son mari, l'aient « lâché aux chiens », comme dira François Mitterrand lors des obsèques de son « ami » Pierre Bérégovoy...

Plus grave : le juge saisit alors une arme de poing. Bon, mais est-il anodin d'avoir figuré « sur la liste des terroristes d'Action Directe, *celle des hommes à abattre* » ? Pour ma part, sans doute comme beaucoup d'autres, j'en avais le pressentiment depuis longtemps. Je me souviens notamment du pot d'adieu offert à Pierre Daffos, à Morland, en 1990 : à l'époque, j'avais été surpris par le luxe de précautions prises par le service de sécurité de l'Hôtel de Ville escortant le moindre déplacement du premier adjoint dans l'annexe administrative. Mais sur quoi donc reposait cette supposée condamnation ?

Le tort de Jean Tiberi est incontestablement d'avoir atteint son seuil d'incompétence sans même s'en être rendu compte. Comme je l'ai rappelé, à partir de 1986, le duo Cabana/Pandraud parti, je suis de ceux – peu nombreux – qui multiplièrent les mises en garde sans être pris au sérieux. Nous sommes quelques-uns à avoir alors décelé les préparatifs d'une prise de pouvoir, par bonheur avortée à la suite de l'échec cuisant de Jacques Chirac aux présidentielles de 1988. Ce n'est pas un déficit d'ambition qui aura perdu Jean Tiberi, mais une grave insuffisance de moyens personnels par rapport à la hauteur de ses ambitions. Sans charisme personnel, le maire du Ve arrondissement – ce qu'il aurait dû rester – n'est qu'un homme de clan, sans envergure ni relief, un comparse voué aux rôles de second rang, à la figuration dite « intelligente ». Il a pu tromper son monde tant qu'il n'était pas en première ligne. Aux yeux du public, la médiatisation a achevé de le discréditer tant il a réussi, par suite de ses imprudences familiales, à se mettre à dos les redoutables faiseurs d'opinion qui tiennent la presse et les médias. Qu'on songe à l'image que donnèrent les « Guignols de l'information » du couple Tiberi !

Le RPR (réduit au « R » ou à quel nouveau sigle ?) est bien parti pour perdre le contrôle de la capitale pour la première fois depuis trente ans. Cette perspective scelle le destin de Jean Tiberi, car, faut-il le rappeler, il dirige depuis les années 1970 la plus puissante des fédérations du RPR, celle de Paris.

Mais ce naufrage programmé dépasse la personnalité du seul « maire intérimaire », et ce, pour plusieurs raisons.

En tout premier lieu, le renouvellement du personnel politique parisien n'est plus assuré. Jean Tiberi est entré en politique en 1965, voici trente-trois ans. Obnubilé par un destin présidentiel qu'après deux tentatives infructueuses à quatorze ans d'intervalle, il est parvenu à accomplir, Jacques Chirac a pris grand soin de faire le vide des rivaux potentiels autour de lui. Dès 1986, il a affecté de constituer Jean Tiberi comme son héritier présomptif, sachant que ce dernier ne lui porterait guère ombrage. Les La Malène ou les Juppé ont ainsi été impitoyablement éliminés de la capitale et de la compétition pour le fauteuil de Maire par Jean Tiberi.

Christian Lunet de La Malène tranche par l'aristocratie de son rang. Il n'est pas homme à se commettre dans des combinaisons subalternes. Rapporteur général du Budget de 1965 à 1977, Christian de La Malène convie Paul Reverdy et ses collaborateurs à dîner aux Armes de la Ville après les nombreuses séances de nuit et le vote du Budget. Tous, autour de la table, savent qu'il règle l'addition sur ses propres deniers. Un jour, en effet, alors que nous sommes tous trois réunis dans son bureau, Paul Reverdy se hasarde à suggérer à Christian de La Malène qu'il serait tout naturel qu'il disposât d'une ligne de frais de représentation inscrite au Budget municipal... La réaction est immédiate. Notre interlocuteur part d'un grand éclat de rire : « Vous n'y pensez pas ! Tiberi et Dominati vont tout de suite me demander la même chose pour eux ! »

Alain Juppé, lui, avait l'étoffe pour succéder à Jacques Chirac au fauteuil de Maire. Malheureusement pour lui, et de longue date, il n'a jamais fait mystère du peu d'estime dans lequel il tient Jean Tiberi. Il n'a pas pardonné son éviction, en 1989, du poste de deuxième adjoint. Jean Tiberi l'a alors obligé à céder la place à Jacques Dominati en prétextant la nécessaire alternance d'un adjoint RPR et d'un UDF.

En 1988, Alain Juppé a remplacé Jacques Toubon au secrétariat général du RPR. Immédiatement, il a manœuvré pour évincer l'inamovible Tiberi des instances dirigeantes du parti. Cette tentative cocasse vaut d'être contée. L'usage veut qu'au sein du comité central, quelques-uns des caciques du parti soient automatiquement reconduits dans leurs fonctions de secrétaires nationaux sans même avoir à faire acte de candidature. Jean Tiberi est du nombre. Or Juppé fait appliquer strictement la règle statutaire selon laquelle l'acte de candidature est un préalable nécessaire à l'élection. Tiberi, ne s'étant pas porté candidat, est donc évincé. Pour ne pas perdre la face, il n'a de cesse, paraît-il, de faire ensuite le siège du président du Rassemblement, jusqu'à obtenir à l'arraché un poste *ad hominem* de secrétaire national aux questions de la région parisienne...

Seul autre candidat présentable, à la rigueur, pour l'avenir : peut-être Edouard Balladur. Mais sa candidature paraît indésirable pour d'autres motifs. En outre, trop âgé, trop imbu de lui-même, le député du XVe arrondissement n'a ni la fibre populaire ni l'adhésion des militants de base.

Tiberi lui-même a fait le vide autour de lui. La guerre avec Toubon a eu le mérite de rendre ce vide encore plus voyant. Les « jeunes loups » de Jean Tiberi (du moins ceux qu'on a présentés comme tels dans la presse) ne sont guère convaincants : qu'il s'agisse de Jean-François Legaret, appelé à remplacer Camille Cabana au pied levé comme adjoint aux Finances, ou de Michel Bulté, qui, dans la déroute du XIXe arrondissement, n'a sauvé son siège de conseiller que d'extrême justesse... Rien qui ait l'envergure souhaitable.

La seconde raison du naufrage annoncé tient à un changement sociologique et politique important au sein de la population parisienne, auquel les caciques du RPR parisien ne paraissent pas avoir prêté une attention suffisante. La population militante a beaucoup vieilli. Le renouvellement des adhérents n'est plus assuré. Les jeunes se détournent. Entre 1971 et 1976, Christian de La Malène ne s'inquiète pas à l'idée de faire construire des logements sociaux dans son fief électoral, le XIVe arrondissement. Les occupants « voteront certes contre nous aux prochaines élections, dit-il ; c'est un moindre mal. Puis, aux élections suivantes, ils se seront embourgeoisés et voteront définitivement pour nous ». Le calcul s'est longtemps révélé juste. Malheureusement, au jour d'aujourd'hui, il n'est plus vrai. Trop d'exemples de la duplicité municipale ont été rendus publics à l'occasion des différents scandales qui ont éclaboussé la Mairie. La classe moyenne, plus instruite, plus sceptique, inquiète face aux difficultés croissantes de la vie à Paris, doutant d'elle-même et de l'avenir de ses enfants, ne croit plus dans les promesses, d'où qu'elles viennent. En particulier des responsables de l'Hôtel de Ville qui ont durablement perdu toute crédibilité à ses yeux.

Comment croire en effet quelqu'un qui, usant de ses fonctions d'élu, s'arroge le moyen de faire loger ses propres enfants dans des appartements sociaux de l'Office qu'il dirige (refaits somptuairement à neuf, sa femme surveillant l'exécution des travaux), des enfants qui sont eux-mêmes, de surcroît, comme la presse le révèle, propriétaires chacun de deux appartements dont la location leur procure des revenus substantiels, alors qu'il reconnaît lui aussi disposer d'un patrimoine personnel très confortable, constitué de plusieurs appartements à Paris ?

L'effet engendré par un pareil cynisme est irrémédiable. Jean Tiberi eût dû démissionner tout de suite, quand il en était encore temps, et, à tout prendre, perdu pour perdu, tenter de justifier l'injustifiable en se représentant devant le suffrage populaire.

Sans parler des marchés publics. Ni des misérables traficotages des listes électorales, empruntés au clanisme corse. La justice finira par rattraper les prévaricateurs et les truqueurs. L'issue serait morale en un temps de crise où les dirigeants dignes de ce nom se doivent de montrer quotidiennement l'exemple alors qu'eux-mêmes ne cessent d'en appeler au civisme de leurs concitoyens.

Epilogue

« Le procès va rouler maintenant entre ceux qui payent et ceux qui n'ont fonction que recevoir. »

Boisguillebert, 1707, magistrat

A force de croire à leur impunité, ceux qui s'estiment au-dessus des lois finissent toujours par commettre quelque imprudence. En octobre-novembre 1990 éclate le scandale des écoutes téléphoniques « sauvages » à la Mairie de Paris. Des jounalistes du *Canard enchaîné* surprennent Guy Legris, inspecteur général à la Mairie de Paris, en flagrant délit d'écoutes illicites aux dépens d'un fonctionnaire de la Ville, depuis un véhicule banalisé installé rue de Brosse, juste derrière l'Hôtel de Ville.

Fort opportunément, le Maire est en déplacement au Japon.

La Mairie nie en bloc, impute cette bavure grave

à des initiatives subalternes, confie une enquête interne au préfet Rémy Chardon dont les conclusions ne seront jamais publiées. Bonne manière, bien classique, de visser le couvercle sur la marmite, de gagner du temps tout en noyant le poisson. Technique de l'édredon ou de l'étouffoir : des subalternes servent de boucs émissaires tout désignés. Guy Legris est prié de demander sa mutation pour un service qu'il ne rejoindra jamais.

Quand le scandale éclate, les démentis des plus hautes autorités municipales se succèdent. C'est une technique éprouvée des caciques de la Ville : dans la contre-offensive médiatique, tenter de faire passer le vrai pour la faux. Alain Juppé, troisième adjoint au Maire de Paris, chargé des Finances : « Nous sommes très soucieux de la liberté individuelle... Ces faits seraient, s'ils étaient avérés, totalement inadmissibles, bien entendu, et des sanctions immédiates seraient prises sur le plan administratif, sans préjudice des poursuites pénales qui pourraient être faites. »

Mais le secrétaire général du RPR de l'époque, le même Alain Juppé, s'il ouvre ainsi la voie à des poursuites pénales au nom de la Ville, n'a pas donné de suite judiciaire aux agissements du secrétaire départemental adjoint de la fédération de Paris du RPR, Guy Legris, numéro deux de ladite fédération après Jean Tiberi... Pourquoi ?

Que dit Jean Tiberi ? Le premier adjoint au Maire de Paris, secrétaire national (et départemental de Paris) du RPR, ne demeure pas en reste et déclare, toujours d'après la même source (l'AFP) : « Il n'y a jamais eu d'écoutes à la Mairie de Paris. Il n'y a pas d'écoutes à la Mairie de Paris. Il n'y en aura jamais. Si des faits sont établis, ce ne peut être que des écoutes sauvages résultant d'initiatives individuelles que, bien entendu, je condamne complètement... Des fautes ont été commises, des sanctions ont été prises. Je condamne ces pratiques à la fois comme citoyen, comme magistrat et comme élu. J'affirme que jamais de telles pratiques n'ont été en usage dans cette maison... Rien ne permet de penser que d'autres opérations du même type ont pu être réalisées... Rien ne permet d'établir qu'une autre responsabilité doive être recherchée. »

Voire...

Sur le coup, en 1990, avant les révélations de Humbert Rosenzweig, je n'avais pas établi un lien de connexité possible entre notre propre affaire et celle dite des « écoutes sauvages » à la Mairie de Paris, qui éclate en octobre 1990 à la suite du « flagrant délit » révélé, aux dépens de Guy Legris, par les journalistes du *Canard enchaîné*.

Il y a bien eu un article prémonitoire en septembre 1990, paru dans le journal *Le Monde* sous la signature du journaliste Charles Vial, et qui laissait à penser que ce qui nous était arrivé le 24 juillet 1990 pouvait ne pas être sans rapport avec les pratiques extravagantes mises en évidence par *Le Canard enchaîné*. Mais je n'y avais pas prêté attention outre mesure : j'étais alors en détention provisoire et tout cela me paraissait, il est vrai, grandement rocambolesque.

Et puis, quand nous avons été jugés en première instance, il avait bien fallu se rendre à l'évidence. Le juge d'instruction, instruisant exclusivement à charge, avait traité par prétérition, en dépit de nos protestations, les révélations de Humbert Rosenzweig. Pourtant, le jugement rendu par la treizième Chambre correctionnelle, présidée par Dominique Coujard – même s'il nous condamne – nous donne acte dans ses attendus des considérants suivants (page 13) :

« Attendu qu'*il n'est pas contestable*[1] qu'est venu se greffer sur cette affaire *un véritable règlement de comptes* interne au RPR, une *faction* rivale et hostile à Georges Quémar, *animée par M. Legris, inspecteur général* de la Ville de Paris, *a procédé* à des écoutes dans des conditions douteuses et suspectes à l'occasion d'un repas organisé le 6 juillet 1990 au restaurant Le Relais, à Asnières, que les traces de cette *mise en scène organisée illégalement* par d'anciens gendarmes ont fort opportunément disparu... »

Ce qui nous condamne nous sauve : comment mieux dire, en effet, que nous avons été victimes d'un « coup tordu » ?

Depuis avril 1991, la justice sait à quoi s'en tenir. Ce qui m'est arrivé en juillet 1990, ainsi qu'à mon beau-père, Robert Melloni, n'est pas le fruit du hasard. L'ex-gendarme Humbert Rosenzweig a témoigné auprès du Parquet – en tant qu'il y a pris part – de l'existence d'une organisation mise sur

1. C'est moi qui souligne les phrases en italiques *(NdA)*.

pied par Guy Legris, proche de Jean Tiberi à la Mairie et au RPR. Ce témoignage est incontestable. L'intéressé, entendu par le juge d'instruction qui instruisit notre affaire, a déclaré sur procès-verbal que mon beau-père avait été écouté, espionné à son insu, hors de toute légalité, et qu'à travers lui c'était moi qui était visé, en raison de mes fonctions à la Mairie de Paris, que nous avions donc été victimes d'un coup monté de toutes pièces, de concert entre la section dite du contrôle de l'inspection générale de la Ville et la section de recherches de la Gendarmerie nationale d'Ile-de-France...

La secrétaire de Guy Legris à Morland n'est autre, en effet, que la fille d'un des gendarmes appartenant à cette section, seul officier de police judiciaire à avoir été entendu en qualité de témoin.

Dans ses déclarations sur procès-verbal, le témoin cité plus haut, Humbert Rosenzweig, a attesté qu'un véhicule banalisé de la Ville avait bien été aménagé en « sous-marin » pour permettre des « écoutes »...

Le principal plaignant contre nous, le garagiste Patrick Bilan, autre édile responsable des entreprises au sein de la fédération de Paris du RPR, reconnut sur procès-verbal avoir pris part à des enregistrements de conversations de mon beau-père avec lui, à son insu...

A partir d'un véhicule installé dans la cour de l'immeuble administratif de la Mairie, boulevard Morland, Guy Legris n'a pas hésité à faire écouter les conversations téléphoniques de son propre supérieur hiérarchique, Pierre Daffos, directeur général chargé de l'inspection générale de la Ville.

Le témoin Humbert Rosenzweig, qui n'est pas avare de confidences, indique qu'il a accompagné Guy Legris jusqu'à Rome, dans un hôtel de la via Veneto – sur quels crédits ? –, et que, muni de son appareillage d'écoute, il a enregistré sur place les conversations entre son patron de l'époque et un promoteur immobilier en fuite, gravement compromis dans une affaire de transformation de locaux d'habitation en bureaux à Paris.

Guy Legris serait même porteur d'une montre volée dont Humbert Rosenzweig donne les identifiants et la provenance. Il aurait installé une association pour la promotion de la race chevaline dans des locaux aménagés dans une propriété du Morvan.

De 1991 à 1993, mon beau-père et moi-même avons par naïveté fait confiance à la justice pour démêler l'écheveau compliqué de ces pratiques illicites. Au lieu de saisir les médias, par crainte du scandale, nous nous sommes tenus cois, attendant que la justice agisse. Bien à tort, si j'en juge par ce que cela nous aura coûté.

En effet, notre juge d'instruction boucle alors son dossier et nous renvoie devant le Tribunal correctionnel sans même chercher à élucider ces procédés condamnables, démontrant l'existence d'une « officine » secrète aux méthodes inqualifiables, si ce n'est pénalement.

Mon beau-père ne se résoudra à porter plainte en désespoir de cause que bien tard, après février

1993, quelques mois avant sa mort. Bien sûr, cette plainte n'a pas de rapport direct avec l'affaire du scandale des « écoutes sauvages » à la Mairie de Paris. Si ce n'est qu'elle concerne les mêmes procédés d'espionnage dont il a été l'objet et qui se révèlent être similaires à ceux dénoncés par la presse en octobre 1990 et reconnus par l'ex-gendarme en avril 1991. D'autre part, la plainte a été déposée avec constitution de partie civile contre Guy Legris, nommément désigné, sur la base, d'une part, des attendus de notre propre jugement du 22 janvier 1993, que j'ai rappelé ; d'autre part, observation faite que la Ville, par avance, s'est déclarée prête à coopérer à toute plainte qui viendrait à être déposée en relation – de près ou de loin – avec les faits incriminés d'octobre 1990. Notamment en communiquant à la justice le rapport d'enquête du préfet Rémy Chardon, successeur de Pierre Daffos à la tête de l'inspection générale de la Ville. Un juge d'instruction est alors désigné, qui l'entend peu avant son décès, en août. Le 10 novembre, je porte plainte à mon tour contre Guy Legris en dénonçant les conduites délictueuses dont mon beau-père et moi avons été les victimes à notre insu. Pour des raisons procédurales complexes, cette plainte a tardé à prospérer et est toujours en cours d'instruction. Elle vient d'être confiée il y a peu au juge Hervé Stephan, après avoir connu deux autres magistrats instructeurs dessaisis successivement pour des questions liées à des difficultés procédurales insoupçonnées. Il faut bien dire aussi que nous avons connu l'infortune du décès en août 1993 de mon beau-père, qui est mort innocenté des faits qui lui étaient reprochés, l'action publique s'étant éteinte à son encontre. En outre, dans notre pays, l'action publique engagée sur plainte d'une partie civile est toujours un peu traitée de seconde main quand ce n'est pas le ministère public qui l'a initiée.

A l'époque, en dépit du témoignage exhaustif de l'ex-gendarme Rosenzweig, particulièrement accablant, les agissements dont nous avons pâti paraissaient difficiles à croire, tant les faits semblaient énormes. Par quel dévoiement au sein de la hiérarchie municipale avait-on pu laisser équiper au sein des transports municipaux une camionnette en studio d'« écoutes sauvages » ?

A l'époque, notre unique tort aura été de ne pas alerter la presse et l'opinion, ce que je me résous à faire maintenant, près de dix ans après les faits. C'est que, le temps passant, les « affaires » succédant aux « affaires », l'incroyable est devenu plausible aux yeux des plus sceptiques et la justice paraît être devenue plus encline à agir qu'à freiner sous la pression des puissants.

En 1995, rappelons-le, sont venues se greffer les unes aux autres diverses affaires dites d'« appartements de complaisance » :

On l'a vu, les deux enfants adultes de Jean Tiberi acquittent des loyers « sociaux » pour des appartements qui leur sont dévolus par la grâce de leur père dans des immeubles sociaux contrôlés par la Ville. Cependant que, dans le même temps, ils louent leurs propres appartements, dont ils sont propriétaires, au prix du marché.

Jacques Chirac loue un appartement avec jardin, propriété d'une société dépendant de la Ville, dans le VIIe arrondissement, rue du Bac, des années durant, en dernier lieu pour 11 000 francs par mois, soit la moitié du prix courant du quartier, selon certaines estimations. Je découvrirai par la suite que la fille du président-directeur général de la société propriétaire travaillait au sein de ma propre direction en 1985.

A son entrée à Matignon, le Premier ministre lui-même, Alain Juppé, paie un loyer de 13 000 francs seulement par mois pour l'appartement de luxe de 189 mètres carrés qu'il occupe dans un immeuble communal, rue Jacob, dans le VIe arrondissement. Il y a fait exécuter pour un million de francs de travaux d'aménagement aux frais du contribuable parisien. On sait maintenant qu'en novembre 1997, ledit appartement sera vendu aux enchères par la Ville la bagatelle de 4 350 000 francs. Et qu'il y aurait même eu une surenchère sur ce prix... Sans parler du logement de la propre petite famille d'Alain Juppé : en particulier le loyer dû par son fils, qu'il a rectifié au passage d'un trait de plume, bien sûr à la baisse (au lieu de l'augmenter *justement parce que* c'était son fils !).

Pour mémoire, à titre de simple rappel, bornons-nous à citer encore l'affaire des listes électorales des IIIe et V^e^ arrondissements, puis, cerise sur le gâteau, le stupide et dérisoire scandale du rapport et du salaire versé par le Conseil général de l'Essonne à Mme Jean Tiberi, née Xavière Casanova.

Enfin, scandale parmi les scandales, le système clientéliste monté au travers de la création d'« emplois fictifs » tel que je l'ai dénoncé en mai 1998 et que j'ai plus longuement décrit dans ce livre.

Comment faut-il qualifier les faits que je viens de rappeler plus haut si l'on se refuse encore à estimer qu'ils traduisent l'existence d'une vraie mafia ? Oui, la justice serait bien inspirée de « croiser » les listes des bénéficiaires d'appartements de complaisance, des titulaires d'emplois fictifs et des faux électeurs. Elle disposerait ainsi d'un éclairage significatif sur le système clientéliste parisien.

⁂

Feuilletant fortuitement l'ouvrage de Lyne Cohen-Solal, *Main basse sur Paris, Le système Tiberi en question*[1], je me suis remémoré que j'avais été aussi responsable de l'organisation des opérations électorales à Paris entre 1983 et 1988. Il s'agit-là d'une responsabilité qu'il incombe normalement aux services de l'Etat d'exercer, mais qui, du moins dans la capitale – tant en raison du précédent préfectoral que de l'ampleur de la tâche et de l'importance des moyens à mettre en œuvre –, est traditionnellement, depuis 1977, décentralisée et confiée à la Mairie. Au sein de la direction de

1. Albin Michel, 1998.

l'Administration générale, la sous-direction des Affaires générales et du Contentieux dispose d'un « bureau des élections » dont la tâche est double : veiller au respect de la législation nationale à Paris et surtout garantir le bon déroulement matériel des élections politiques, organisées au niveau des mairies d'arrondissement.

C'est dire qu'il y faut un formidable appareil : des hommes et des moyens en nombre pour assurer la diffusion de la propagande auprès des électeurs (plus d'un million), l'installation des bureaux de vote (de l'ordre du millier) et des panneaux électoraux (quelques milliers), la centralisation des résultats. Système sans failles jusque dans le moindre détail, d'un professionnalisme rodé de longue date. Chacun imagine combien l'image de marque municipale est engagée par le plus modeste dysfonctionnement de ce service de premier plan, exercé au nom de l'Etat. Ce n'est pas le fait du hasard si les cartes d'électeurs comportent toutes, bien en évidence, la signature personnelle du Maire de Paris.

J'étais donc, on l'imagine, particulièrement attentif. Une fois le mois, et de manière même plus fréquente à l'approche d'un scrutin important, je réunissais les secrétaires généraux des mairies dans mon bureau pour examiner tous les problèmes soulevés, donner des directives communes sur la manière de les traiter dans toutes les mairies de manière uniforme, prévenir toute occasion d'incident.

Le cabinet de Jean Tiberi employait à l'époque

un sous-préfet, spécialiste des questions électorales, qui suivait l'aspect politique des choses en liaison avec le Cabinet du Maire. Un jour, quelle ne fut pas ma surprise, au cours d'une des réunions préparatoires à un scrutin important, de l'entendre émettre à la cantonade une suggestion aussi farfelue qu'inefficace : pourquoi ne pas inviter les résidants des quartiers bourgeois, généralement inscrits sur les listes des communes de leur résidence secondaire, à rapatrier plutôt leur vote sur Paris ? A l'instar du Code pénal, le Code électoral est d'interprétation stricte. Je n'imaginais pas qu'on puisse demander à ses électeurs complaisants de se réinscrire sur leur domiciliation principale. Je ne voyais d'ailleurs franchement pas l'intérêt de l'opération, car les résidents du VIIe ou du XVIe arrondissement ne me paraissaient pas, à première vue, susceptibles de voter pour l'opposition municipale. Et, en cas de raz-de-marée socialiste, ce n'était pas – me semblait-il – les quelques centaines de voix que l'on pouvait glaner de la sorte qui risquaient d'inverser le cours des résultats des « gros bataillons » socialistes dans les arrondissements populaires gagnés à la gauche. L'idée me parut si farfelue que je n'y prêtai pas attention.

J'étais en outre régulièrement invité aux réunions de la cellule « AOP » de l'Hôtel de Ville, auxquelles je n'ai d'ailleurs jamais pris une part quelconque, me gardant bien d'associer ma qualité de directeur du personnel avec quelque parti pris de militantisme politique que ce fût. Je crois que le sigle signifie « Action Ouvrière et Participation ». Cette structure, animée à l'époque par Guy Legris, était en fait l'antenne avancée du RPR en direction du personnel de la Mairie, l'« aile ouvrière » du parti gaulliste. Le lecteur sait à présent les responsabilités qu'exerce alors Guy Legris auprès du secrétaire départemental de la Fédération de Paris du RPR, Jean Tiberi. Pour dire les choses on ne peut plus clairement, l'AOP pratique l'« entrisme » en milieu ouvrier. Quelle ne fut pas ma surprise d'entendre certains des assistants à ces curieuses réunions me rapporter qu'ils auraient été incités à s'inscrire sur les listes électorales parisiennes ? Malheureusement pour eux, je ne voyais pas, à dire vrai, qu'ils pussent faire abstraction de leur domiciliation – généralement située en grande banlieue pour les plus modestes – et prétendre élire domicile électoral à Paris ; sauf à imaginer, ce qui était évidemment impossible, qu'ils s'inscrivissent sur leur lieu de travail ? Je mis donc cela au compte de rêveurs éveillés ou de propos de type « Café du commerce », émanant de mauvais plaisants en quête de sensationnel.

Et je n'y ai plus prêté attention. Jusqu'au jour où j'ai lu ceci dans l'ouvrage que je viens de mentionner. Je cite (page 113) :

> « Autre variante des bizarreries électorales du cinquième, celle du 373, rue Saint-Jacques. Ne cherchez pas cet immeuble, il est impossible à trouver le long de l'artère historique qui guidait les pèlerins de Notre-Dame de Paris vers Saint-Jacques de Compostelle. En effet, du côté impair, la numérotation de la rue s'arrête au 307 : pas de n° 309 ni de 311, et encore moins de 373 !
>
> A première vue, on pourrait penser à une erreur d'écri-

ture : 373 au lieu de 273, par exemple. Mais cette excuse n'aurait été valable que pour un ou deux noms. Or, on relève onze cartes d'électeurs délivrées à des personnes domiciliées à ce numéro 373. Certes, dix d'entre elles n'ont pas accompli leur "devoir électoral" en 1997, mais leurs noms, date et lieu de naissance figurent comme pour tous les autres électeurs de France sur les cahiers d'émargement du bureau de vote n° 11 du cinquième arrondissement.

Qui sont donc ces citoyens français qui ont comme domicile électoral une adresse fictive ? Sont-ils aussi fictifs que leur adresse ou bien ces citoyens bien réels ont-ils été victimes d'une erreur de transcription... ou d'une chasse à l'électeur ? Existent-ils, ces électeurs dont on attend un choix libre comme celui des autres ? Où aller leur parler, les questionner et les convaincre ? Pourquoi faut-il remarquer que, outre leur virtuelle adresse commune, leur lieu de naissance est exotique et se situe dans l'un des anciens comptoirs français des Indes ? Faudrait-il trouver là une explication à leur présence sur cette liste suspecte ? Que font également dans ce lieu imaginaire deux personnes qui portent le superbe nom de Shakespeare, apparemment frère et sœur, nés dans la même commune en 1957 et 1963 ? Au nom de quoi ont-elles eu l'idée de se cacher ainsi ? Où plutôt, qui a décidé de les utiliser derrière un numéro de rue mensonger et des identités d'électeurs fictifs sous lesquels ils apparaissent depuis plus de dix ans ? »

Bonnes questions !

Ce qui m'a mis la puce à l'oreille, ce sont deux indices. D'une part, l'origine « pondichérienne » des noms – et c'est là que je me suis souvenu qu'existait à la Ville une structure d'accueil de nos compatriotes français originaires de l'outre-mer, installée à mon époque boulevard de Sébastopol et à laquelle je n'étais pas moi-même indifférent, car je suis né à la Réunion. D'autre part, à la fin du texte, l'allusion à une situation pérenne « depuis plus de dix ans ».

Mon doute est devenu soupçon quand j'ai lu, page 127 du même ouvrage au demeurant fort bien documenté, le paragraphe suivant :

> « Je n'ai, bien entendu, jamais dit que certains des faux électeurs étaient des étrangers votant irrégulièrement en France. En revanche, j'ai bel et bien mis en évidence la concentration anormale d'électeurs ou de familles d'électeurs originaires d'une même région à des adresses suspectées d'être de fausses domiciliations. Cette constatation n'a rien de discriminatoire. C'est sa répétition (373, rue Saint-Jacques où les électeurs sont originaires des anciens comptoirs des Indes...) qui exclut tout caractère fortuit et permet de conclure à une véritable manipulation, *a fortiori* alors que nombre d'entre eux ont un lien de subordination directe avec la mairie de Paris. »

Ce dernier membre de phrase (« subordination directe avec la mairie de Paris ») m'a bien évidemment fait sursauter. Qu'est-ce que cela voulait dire ou laisser entendre ? Serait-ce possible ? Est-ce que, par hasard, il y aurait une corrélation entre les 35 278 agents nominativement énumérés dans les listes électorales aux comités techniques paritaires du 12 décembre 1985, et quelques-uns de ces faux électeurs ? Aurait-on osé, quelque part, passer outre à l'interdit et prendre un pareil risque ?

J'ai donc consulté les listes, et quelle n'a pas été ma stupeur de découvrir que l'un des faux électeurs en question – sans préjuger d'autres découvertes complémentaires – appartenait bel et bien aux services municipaux. Il s'agit d'un aide-ouvrier de bassin stérilisateur *stagiaire* en activité à la station d'épuration d'Achères, dont le numéro d'immatriculation à la Ville est le 1.001.356 (mon propre numéro était le 107.000). Jamais je n'aurais imaginé qu'on puisse se laisser aller à commettre semblable imprudence, et prendre de pareilles libertés avec la loi !

⁂

Le masque est celui d'un carnassier. La photo se veut pourtant rassurante. Prise de profil, elle représente le Président Chirac assis à son bureau élyséen à l'occasion du premier anniversaire du septennat.

Affectation de calme et de sérieux, exempte de toute solennité, pour tout dire empreinte de bienveillance et de bonhomie. C'est l'une des lois du genre.

Derrière cette sérénité de façade se dessinent cependant des lézardes, se devinent des doutes, des anxiétés contenues. De premières dissonances se font jour dans la composition. Scène de genre ? Les belles mains agilement posées sur le bureau sont sur le point de se crisper. En tendant l'oreille, on pourrait entendre crisser les mâchoires. Le temps n'est plus éloigné où le portrait risque d'échapper à son cadre.

Les « majestés en pied » ont ceci de précieux que, comme les verres sans tain, elles révèlent ce qu'elles cachent. Fragilité et pusillanimité ?

Pourtant, l'homme n'est pas dépourvu de charme. La grande carcasse dépliée recèle souplesse et énergie. La démarche de félin n'est plus altérée par les mauvaises séquelles d'un grave accident de la route. Le fauve est en attente d'être lâché. Mais à quoi tient l'impression de malaise qui se dégage de cette force contenue ? L'opinion devine confusément que le temps n'est plus aux rôles de composition. Non plus qu'aux précautions dérisoires. Derrière le « fauve aux aguets », descendu de son piédestal, benoîtement accessible au commun des mortels et dont le portrait faussement débonnaire égaie les halls de mairie et les préaux d'école, on sent la présence du peuple de la rue à la patience trop longtemps abusée, encore vaguement bienveillant, mais qui ne s'en laissera plus conter.

Malgré les sondages, l'euphorie des stades, la prime à l'immobilisme, à l'absentéisme et à l'insignifiance des propos, jamais autant qu'aujourd'hui l'opposition n'a été aussi forte entre les Palais de la République et la rue. Jamais le contraste n'a été aussi cru entre les propos lénifiants de l'exécutif et les rudes réalités de l'existence. Le pays réel est aux antipodes de l'image sage et paisible, faussement consensuelle, qu'en voudraient donner nos dirigeants.

Qu'on y songe : officiellement, un quart de la population française en âge de travailler pointe au chômage. Le niveau de vie moyen a eu beau progresser depuis la fin des « Trente Glorieuses », le nombre des moins de vingt-cinq ans sans emploi a quadruplé au cours des dix dernières années. Pour beaucoup d'autres Français plus âgés, les vieilles « jurandes » des solidarités familiales tiennent désormais lieu de ligne d'avenir, voire de ligne de vie ! Les défaillances d'entreprises, petites ou moyennes, n'ont jamais été aussi nombreuses.

L'homme s'identifie à travers son travail. L'en priver, c'est lui dénier sa réalité, le brouiller avec lui-même, le priver de la considération des tiers. Deviens ce que tu fais, à défaut de pouvoir devenir qui tu es ! Et si, à ton corps défendant, le peu de respect qu'il te restait pour toi-même venait à t'être retiré ?

A considérer la liste des combinaisons scandaleuses et dérisoires évoquées dans ce livre, visant à s'arroger *toujours plus* de privilèges et de passe-droits, n'y aurait-il pas un fossé abyssal entre l'énoncé de toutes ces *vérités convenues* qui relèvent du discours pour la galerie – « la fracture sociale », « l'exclusion », etc. – et la *réalité* des conduites claniques et mafieuses en vigueur depuis trop longtemps parmi les milieux dirigeants de la capitale ?

Vérité *égale* mensonge : ne serait-ce pas par hasard devenu la règle d'or du septennat ?

Table des matières

Cet ouvrage a été composé par
Paris Photocomposition
75017 PARIS

Impression réalisée sur CAMERON par
BRODARD ET TAUPIN
La Flèche

pour le compte des Éditions Fayard
en septembre 1998

Imprimé en France
Dépôt légal : septembre 1998
N° d'édition : 1491 – N° d'impression : 6942U-5
ISBN : 2-213-60270-0
35-57-0470-01/1